硅谷工程师爸爸的超强数学思维课

激发孩子的数感天赋

憨爸 胡斌 叶展行 著

人民邮电出版社

北京

图书在版编目（CIP）数据

硅谷工程师爸爸的超强数学思维课. 激发孩子的数感
天赋 / 憨爸，胡斌，叶展行著. -- 北京：人民邮电出
版社，2019.6（2020.4重印）
ISBN 978-7-115-51221-5

Ⅰ. ①硅… Ⅱ. ①憨… ②胡… ③叶… Ⅲ. ①数学—
儿童读物②儿童教育—家庭教育 Ⅳ. ①O1-49②G78

中国版本图书馆CIP数据核字(2019)第083503号

内 容 提 要

如何开发孩子的数学思维？如何让孩子把数学与生活结合起来，学会用数学解决生活中的难题？这些都是本书想要解决的问题。

本书的目的是训练孩子的数感，一共有 6 章，每章深入讲解一个数学知识点，涵盖少儿阶段应掌握的数字、大小的比较、轻重的比较、空间方位、间隔问题、排列组合等基本数学概念。

同时，这也是一本亲子共读书，能让父母深入、系统地了解应该辅导孩子哪些知识点，并且提供了很多实操的案例供孩子学习。

再者，这是一本围绕实际问题的解决而写的思维书，将数学知识点和 STEAM（Science, Technology, Engineering, Art & Math）教育相关的项目结合起来，教孩子用数学解决生活中的问题，从而达到训练数学思维的目的。

本书由北京景山学校数学教师王宁参与审校，特此感谢。

◆ 著　　　憨 爸　胡 斌　叶展行
　　责任编辑　宁 茜
　　责任印制　彭志环
◆ 人民邮电出版社出版发行　　北京市丰台区成寿寺路 11 号
　　邮编　100164　电子邮件　315@ptpress.com.cn
　　网址　http://www.ptpress.com.cn
　　北京东方宝隆印刷有限公司印刷
◆ 开本：787×1092　1/16
　　印张：11.25　　　　　　　　　　2019 年 6 月第 1 版
　　字数：186 千字　　　　　　　2020 年 4 月北京第 10 次印刷

定价：59.00 元

读者服务热线：(010)81055493　印装质量热线：(010)81055316
反盗版热线：(010)81055315
广告经营许可证：京东工商广登字 20170147 号

序言

我在辅导孩子们学数学时发现一个问题，孩子们都知道公式、定理，可就是不会灵活运用，往往题目变个花样、换个说法，孩子就不会做了。出现这种情况，主要是因为孩子的数感没有培养好。

关于数感，美国斯坦福大学教育学教授乔·博勒（Jo Boaler）举过一个例子。她给孩子们布置了一道题。

$$18 \times 5 = ?$$

她并不要求孩子们给出具体答案，而是要求他们把这个数学表达式用图像表示出来。

结果很有意思，虽然绝大多数孩子能写出算式结果，但只有一小部分孩子能够通过画图来表示，而且画图的方法也各不相同。

有的孩子将长方形的长度从 18 扩大到 20，然后用总面积减去扩出来的那部分面积。

方法1

$20 \times 5 = 100$

$2 \times 5 = 10$

$100 - 10 = 90$

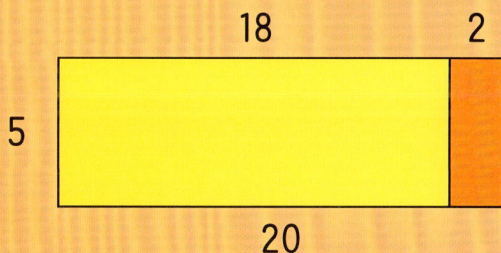

有的孩子将长方形按照长边切成两半，将其中一半平移到下面，然后进行计算。

方法 1

18   2

5   20

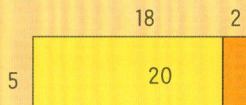

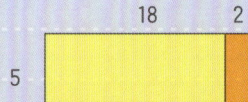

$20 \times 5 = 100$
$2 \times 5 = 10$
$100 - 10 = 90$

方法 2

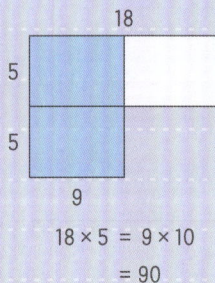

$$18 \times 5 = 9 \times 10$$
$$= 90$$

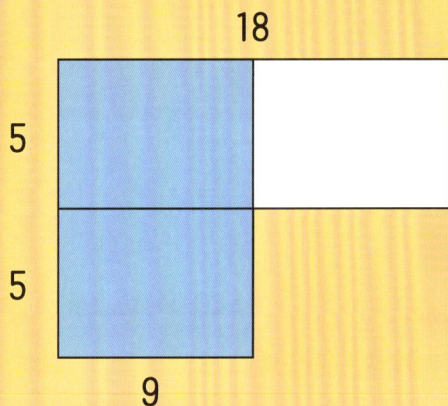

18

5

5

9

有的孩子先计算出长方形一半的面积，然后再相加。

方法 2

18

5

5

9

$$18 \times 5 = 9 \times 10$$
$$= 90$$

方法 1

18   2

5   20

$20 \times 5 = 100$
$2 \times 5 = 10$
$100 - 10 = 90$

方法 3

$$9 \times 5 = 45$$
$$9 \times 5 = 45$$
$$45 + 45 = 90$$

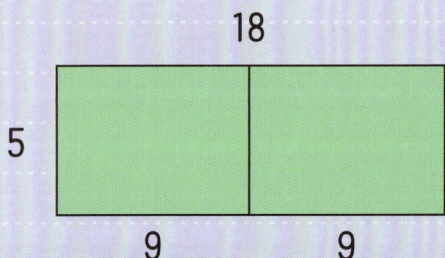

18

5

9   9

有的孩子还是按照长边将长方形切成两半，不过一半大一点儿，另一半小一点儿。

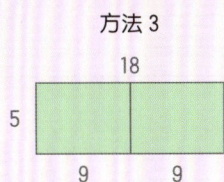

方法 3

| 18 |
| 5 |

9 9

$9 \times 5 = 45$
$9 \times 5 = 45$
$45 + 45 = 90$

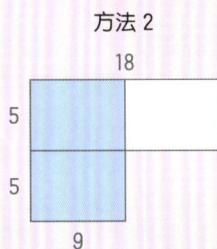

方法 2

18
5
5

9

$18 \times 5 = 9 \times 10$
$= 90$

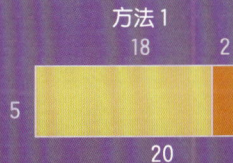

方法 1

18 2
5

20

$20 \times 5 = 100$
$2 \times 5 = 10$
$100 - 10 = 90$

方法 4

$10 \times 5 = 50$
$8 \times 5 = 40$
$50 + 40 = 90$

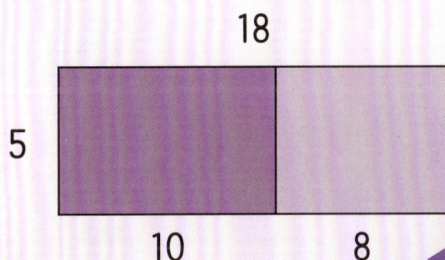

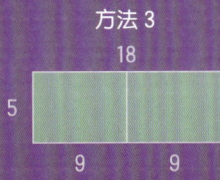

18
5
10 8

有的孩子也是切割长方形，不过这次是按照短边来切割的。

方法 4

18
5
10 8

$10 \times 5 = 50$
$8 \times 5 = 40$
$50 + 40 = 90$

方法 3

18
5
9 9

$9 \times 5 = 45$
$9 \times 5 = 45$
$45 + 45 = 90$

方法 2

18
5
5

9

$18 \times 5 = 9 \times 10$
$= 90$

方法 1

18 2
5

20

$20 \times 5 = 100$
$2 \times 5 = 10$
$100 - 10 = 90$

方法 5

$18 \times 2 = 36$
$18 \times 2 = 36$
$18 \times 1 = 18$
$36 + 36 + 18 = 90$

18
5
2
2
1

美国斯坦福大学的学者们进一步研究发现，那些能通过画图方法解决数学问题的孩子，他们的数学成绩往往非常出色。

以上讲的就是数感（Number Sense）。所谓数感，是一个人对数与运算的理解。数感使人眼中看到的世界有了具体且量化的意味。当人遇到可能与数学有关的具体问题时，能自然地、有意识地与数学联系起来，用数学的思想方法进行处理和解释。数感好的孩子，他们运用数学建模的能力特别强，能够将数学构建成一幅幅的画面、场景，用图像、列表的方式将数学的本质解读出来。当在生活、工作、科研中遇到问题时，他们知道如何利用数学这一"武器"解释表面的现象、分析内在的问题。

在这本书里，我将为家长们介绍如何激发孩子的数感天赋。在图书形式方面，根据我辅导孩子的经验，如果纯粹拿一本数学书让孩子"刷题"，对于孩子来说，要么他们不感兴趣，要么就是书里的精华没法完全吸收。而如果做成纯粹给父母看的家教书，父母又会缺少实操的案例。因此，我们将这本书设计为亲子共读类型的图书，里面每章都包含了父母阅读、父母带着孩子一起学习以及孩子单独训练这三种阅读模式。

每章会详细分为以下五个版块。

一、家长必读

这个版块介绍本章的知识点，专门给家长阅读。在读完本版块的内容后，父母就能了解在这一章中，应该注意辅导孩子哪些知识点。

二、知识点学习

这个版块是给父母和孩子共读的，里面会讲解本章的知识点，并提供案例，这也是知识点的基本概念部分。

三、思维能力培养

这个版块是给孩子单独阅读的训练，难度比前面版块高一些，孩子必须充分理解了前面版块的知识点后，才能在这个版块中将题目给解答出来。

四、STEAM 天地

这个版块是全书的精华所在。我们将从一个和 STEAM* 相关的项目开始，将数学知识点融入 STEAM 当中。孩子会利用这一版块的知识点尝试解决生活中的问题，涉及历史、艺术、科学、工程等领域，一定会让孩子大开眼界的。

五、学习检查表

这是每章的最后一个版块，孩子每完成一项学习内容时，父母就在相应的地方打个钩，方便追踪孩子的完成情况。

---

* STEAM 是 Science（科学）、Technology（技术）、Engineering（工程）、Art（艺术）和 Math（数学）的统称。

此外，书中有些题目会出现★的标志，这个标志表示题目偏难，★越多则表示难度越高。

看完整本书后，您会发现，看起来貌不惊人的一个小小的数学知识点，原来背后还包含着丰富的数学思维内容。而且，数学的知识点像树形结构，一个知识点掌握的程度可能会影响孩子对未来其他数学知识点甚至别的学科知识点的学习。因此，请家长和孩子好好阅读下去，孩子的数学思维能力一定会得到显著的提高！

同时，我还设计了一本《数学游戏练习册》。这本小册子会用涂色的形式，教孩子熟悉数学计算，非常有趣。不过，孩子做练习时一定要很谨慎才行，因为只要算错一个数字，整个涂色的效果就大相径庭了！

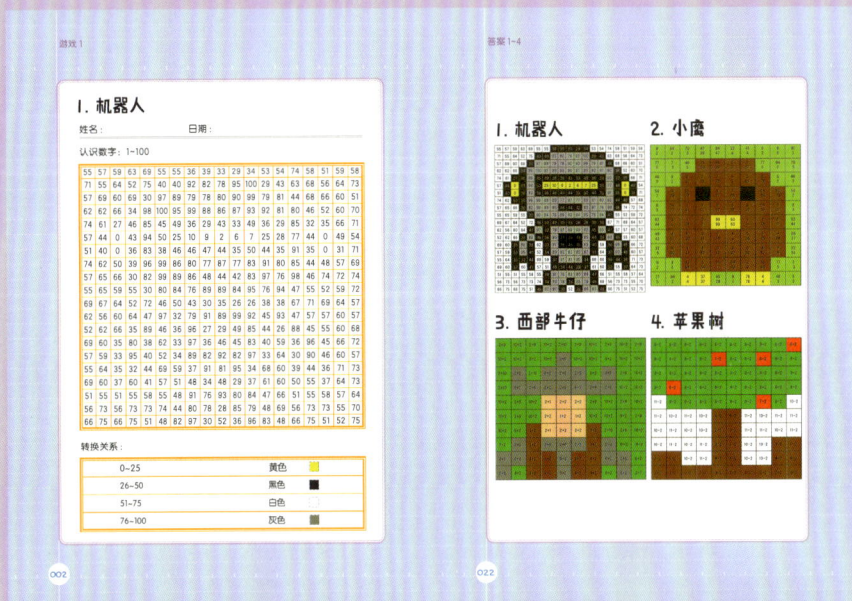

这个手册目前不销售，仅做成电子版供读者下载。您可以关注我的微信公众号"憨爸在美国"，然后在公众号内回复"数学思维"，就能获得这个手册电子版的下载链接了！

——憨爸

目 录

第1章
数　字

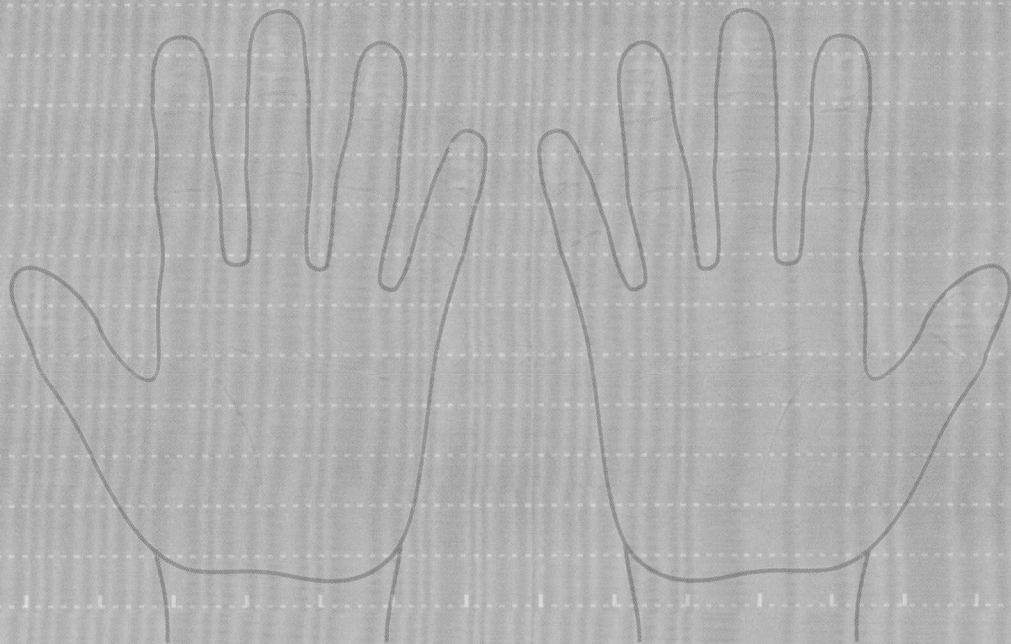

一、家长必读

数字是孩子学习数学所接触的第一个知识点，它包括两部分：认识数字以及数数。看起来这个知识点再简单不过，但其实不然，数字是所有数学思维的基础。

乔·博勒教授就曾经说过："学数学最重要的是培养孩子的数感。"同样的数数、同样的数学运算，在不同的孩子的头脑里，却有不同的诠释。同样的题目，有的孩子能想到容易的解题方法，有的孩子却只能套公式，他们的差别正是在于数感不同。

要培养孩子的数感，首先就得从数字入手！

在我们传统的认知里，数字就是 0 ~ 9 这十个基本数字，然后由它们组成了十位数、百位数、千位数等。其实，数字远远不止我们想象的这么简单，不同的时代、不同的领域，对于数字的理解可能也有所不同。

比如说，数学里有进制的概念，我们通常用的是十进制，但其实还有二进制、八进制、十六进制。像二进制就是计算机的基础，那么孩子在学习二进制的时候，不仅需要知道它的表示方法，更需要知道它该如何数数、如何运算。如果孩子前期数感没有培养好，那么他们会困在十进制的框框里，从而学得非常吃力。

因此，在本章中，我们会教孩子通过不同的维度来认识数字，培养孩子的数感！

二、知识点学习

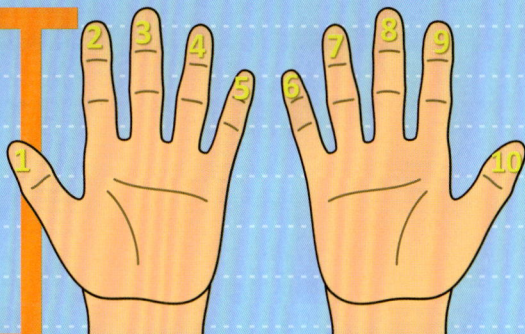

10 根手指计数（十进制）

从远古时代开始，人类就有了计数的需求。

古人通过 10 根手指数数，所以有 10 个数字，数东西的时候也是 10 个 10 个地数，这就是最早的十进制，这种计数方法直到今天还在使用。

有的古人按照十二进制的方式计数。据说，这是因为人类的一只手有 12 个指关节（不包括大拇指）。

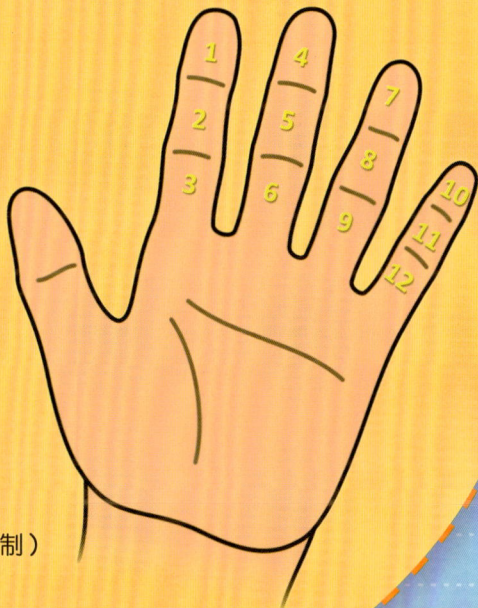

12 个指关节计数（十二进制）

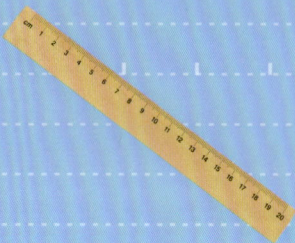

在现实生活中，以十二进制计数的现象也很多。例如：1 年有 12 个月，1 英尺等于 12 英寸；中国有十二生肖，黄道有 12 星座。

古巴比伦人用"六十进制"进行计数。据说他们会用一只手的拇指轻敲同一只手的关节，表示 1 到 12；而另一只手的手指则表示 12 的倍数，所以总共是 60。

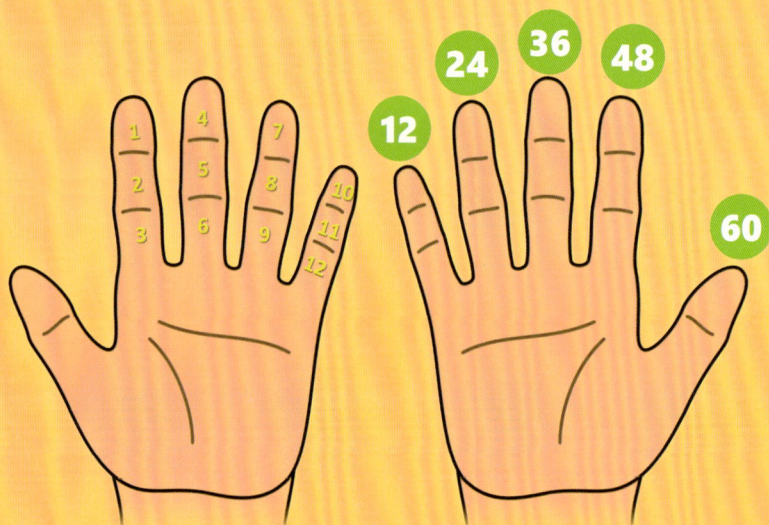

六十进制

现实生活中，六十进制的例子也不少。例如：1 小时等于 60 分钟，1 分钟等于 60 秒；一个圆的圆心角是 360 度，也是 60 的倍数。

现代计算机中使用的逻辑电路只有 0 和 1 两个状态，所以在计算机的世界里仅使用 0 和 1 表示所有的数字，这就是二进制。

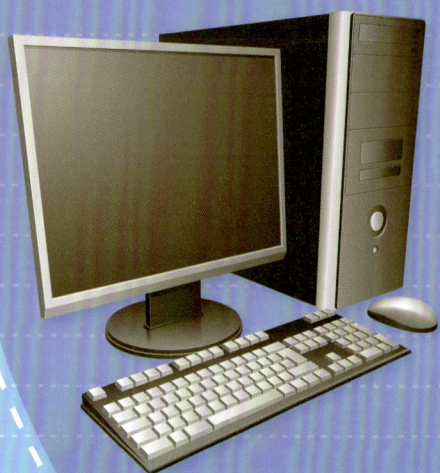

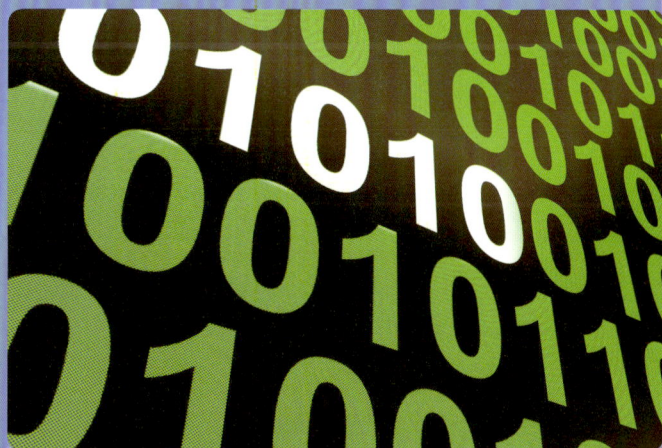

二进制

三、思维能力培养

1. 请你试一试走下面的迷宫，按顺序从1走到50，帮小青蛙找到回家的路。

开始	1	4	5	8	9	10	11
3	2	3	6	7	15	11	39
4	3	6	7	14	13	12	13
21	20	7	16	15	36	37	38
22	19	18	17	18	35	34	39
23	20	32	30	31	32	33	40
24	21	48	29	44	46	42	41
25	26	27	28	45	12	43	44
🏠 ← 50	49	48	47	46	45		

2. 下图中，3 只小松鼠要把空白的数字补齐才能吃到橡果，你能帮助它们吗？

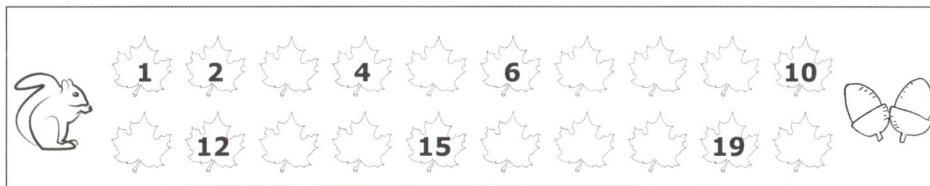

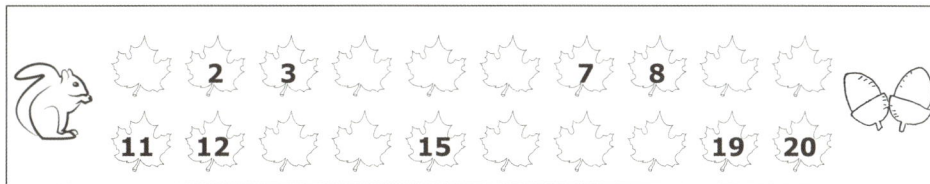

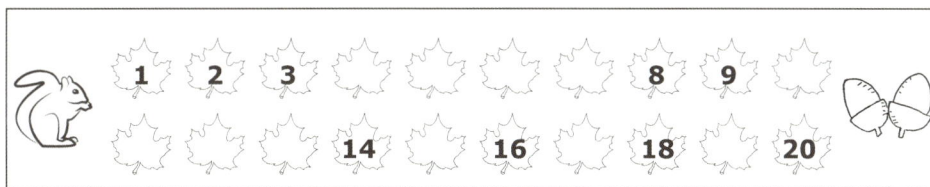

	1	2		4		6				10	
		12			15				19		

		2	3				7	8			
	11	12			15				19	20	

	1	2	3					8	9		
				14		16		18		20	

★ 3. 假如你是古巴比伦人，使用六十进制方式记数。

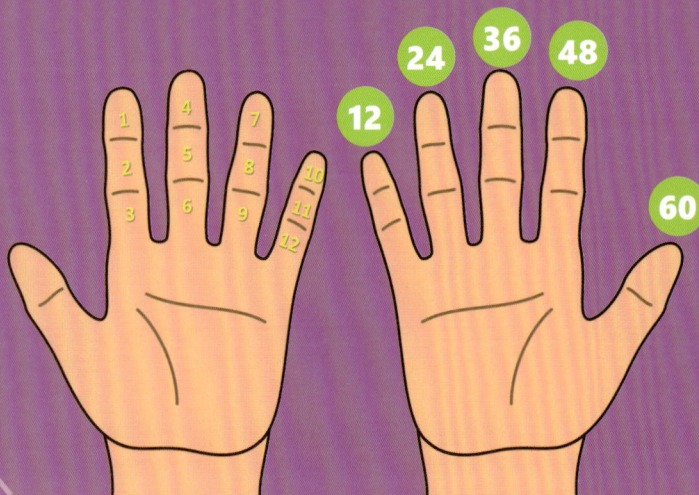

古巴比伦人六十进制表示方法

例如：伸出左手用大拇指按住无名指的第一个关节表示数字 7。

古巴比伦人表示数字 7

24

36   48

12

60

伸出右手的无名指表示
数字 24。

古巴比伦人表示数字 24

伸出右手的小指并且左手大拇指按住食
指的第一个关节表示数字 13。

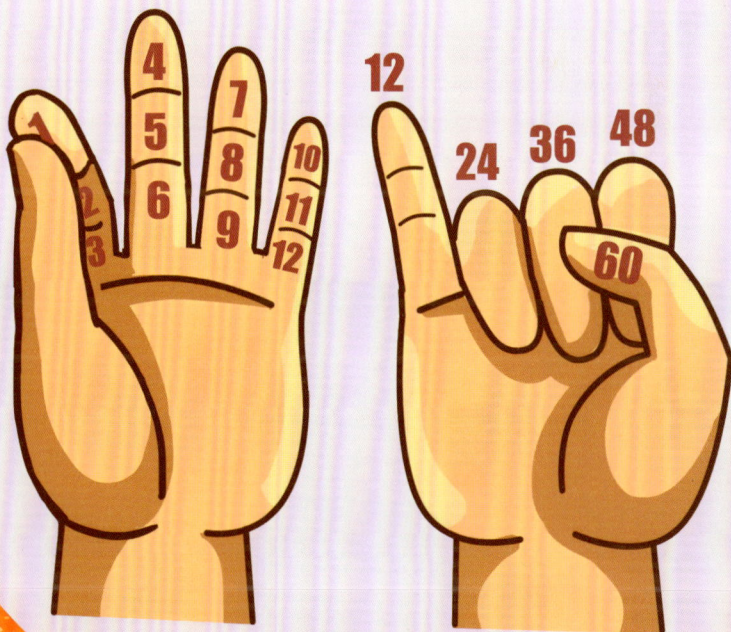

4   7
5   8   10
1
6   9   11
2   12
3

12

24   36   48

60

古巴比伦人表示数字 13

请你用手指表示下面的数字。

10	
12	
20	
60	

4. 下图是超市里的价格标签，你能说一说这是什么意思吗？

10元/千克

如果妈妈要买1千克苹果，
需要花_____元钱。

如果妈妈要买3千克苹果，
需要花_____元钱。

5.数字还可以用积木表示。

26	15	42
2 个 10 6 个 1	1 个 10 5 个 1	4 个 10 2 个 1

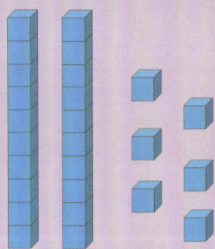

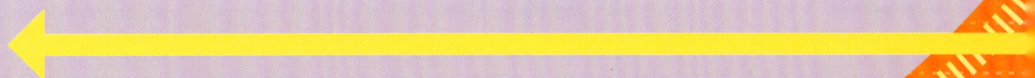

你能用同样的方式表示下面的数字吗?

33	
56	
65	

四、STEAM 天地

背景介绍

在阿拉伯数字传入欧洲之前，古代欧洲使用的数字叫作罗马数字。

罗马数字采用 7 个罗马字母作数字，即 I（1）、X（10）、C（100）、M（1000）、V（5）、L（50）、D（500）。

它的记数方法很奇特。

（1）相同的数字连写，所表示的数等于这些数字相加得到的和，如Ⅲ=3；

（2）小的数字在大的数字的右边，所表示的数等于这些数字相加之和，如Ⅷ=8、Ⅻ=12；

（3）小的数字（限于 I、X 和 C）在大的数字左边，所表示的数等于大的数字减小的数字的差，如 Ⅳ=4、Ⅸ=9。

下图就是阿拉伯数字与罗马数字的对照表。

1	I	11	XI	21	XXI	31	XXXI	200	CC
2	II	12	XII	22	XXII	40	XL	300	CCC
3	III	13	XIII	23	XXIII	50	L	400	CD
4	IV	14	XIV	24	XXIV	60	LX	500	D
5	V	15	XV	25	XXV	70	LXX	600	DC
6	VI	16	XVI	26	XXVI	80	LXXX	700	DCC
7	VII	17	XVII	27	XXVII	90	XC	800	DCCC
8	VIII	18	XVIII	28	XXVIII	100	C	900	CM
9	IX	19	XIX	29	XXIX	101	CI	1000	M
10	X	20	XX	30	XXX	150	CL		

直到今天，我们的生活中还有罗马数字的身影。例如：有些钟表的表盘上依然刻着罗马数字。

训练目标

了解除了阿拉伯数字，还有其他的数字体系。

了解罗马数字的原理。

掌握简单的符号变换关系，应用于密码的解密。

设计过程

　　有个小男孩在海滩上玩耍时，无意中走进一个山洞。山洞里藏了 3 个海盗的宝箱，石壁上写了一段文字——"千万要记住：这里只有一个箱子里面有宝藏，其余两个都藏着海盗的灵魂，千万不可以打开！"

"到底哪个箱子里藏的才是真正的宝藏呢？"小男孩不敢贸然打开箱子，于是他在山洞里又搜寻了一番，突然在角落里发现了一个卷轴。

　　小男孩打开卷轴一看，里面有一串密密麻麻的符号，看起来像是把数字转换成字母的转换表。例如：数字 9 代表字母 A、数字 720 代表字母 Z。

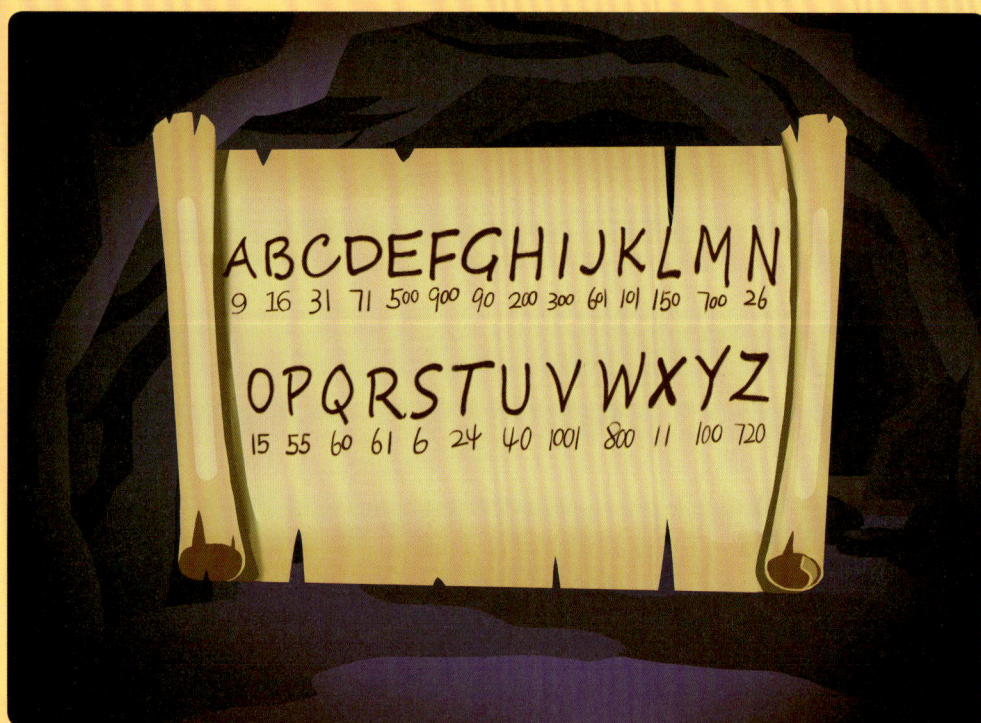

A	B	C	D	E	F	G	H	I	J	K	L	M	N
9	16	31	71	500	900	90	200	300	61	101	150	700	26

O	P	Q	R	S	T	U	V	W	X	Y	Z
15	55	60	61	6	24	40	1001	800	11	100	720

"这是什么意思呢？"就在小男孩纳闷的时候，他抬头一看，无意中发现石壁上刻着一段奇怪的文字。

XC XV CL LXXI   CCC VI   CCC XXVI   XXIV CC D

LXI CCC XC CC XXIV   XVI XV XI

"I、X、C、V……"男孩喃喃自语，突然他眼前一亮，"这些字好像是罗马数字呀！"

聪明的你能帮小男孩破解这段神秘文字，从而找到宝藏吗？

1. 我们先试试看，能不能将下面的罗马数字转换成阿拉伯数字呢？背景介绍里有一张表，它能派上大用场！

罗马数字	阿拉伯数字
VI	
CC	
D	
XC	

2. 如果有些数字在表格里找不到该怎么办？没关系，想想看，你还记得背景知识里讲的罗马数字的记数方法吗？接着再算一算下表中是什么数字吧！

罗马数字	阿拉伯数字
LXI	
LXXI	

★ 3. 按照上面的记数方法，写出墙上密码所对应的阿拉伯数字吧！

XC XV CL LXXI CCC VI CCC XXVI XXIV CC D

LXI CCC XC CC XXIV XVI XV XI ·

4. 恭喜你，墙上密码已经被我们破解成数字了，可是这些数字又是什么意思呢？

看看小男孩之前找到的神秘卷轴吧，或许它能告诉你答案！

XC XV CL LXXI　CCC VI　CCC XXVI　XXIV CC D

LXI CCC XC CC XXIV　XVI XV XI　.

5. 现在你知道哪个宝箱里面藏有宝藏了吗？给藏有宝藏的箱子打个钩吧！千万不要选错哟，否则海盗的灵魂会钻出来！

五、学习检查表

年龄	检查时间		
	知识点	**是否理解**	
知识点学习	a. 掌握十进制的起源和含义		
	b. 了解十二进制和六十进制的起源		
	c. 了解二进制的主要用途		
思维能力培养	掌握数字顺序，认识生活中的数字；掌握六十进制的用法，及两位数的表示方法	4 分：3 题及 3 题以上正确 3 分：2 题正确 2 分：1 题正确 0 分：均错误	
STEAM 天地	罗马数字、阿拉伯数字之间的查表转换（对应第 1 题）	2 分：4 个转换全部正确 1 分：1～3 个转换正确 0 分：均错误	
	罗马数字、阿拉伯数字之间的计算转换（对应第 2 题）	4 分：2 个转换全部正确 2 分：1 个转换正确 0 分：均错误	

STEAM 天地	解密石壁上的文字对应的阿拉伯数字（对应第 3 题）	8 分：全部正确 6 分：15 ～ 19 个正确 5 分：10 ～ 14 个正确 4 分：5 ～ 9 个正确 1 分：1 ～ 4 个正确 0 分：均错误
	解密石壁上的文字对应的英文字母（对应第 4 题）	8 分：全部正确 6 分：15 ～ 19 个正确 5 分：10 ～ 14 个正确 4 分：5 ～ 9 个正确 1 分：1 ～ 4 个正确 0 分：均错误
	理解密码含义，找出宝箱（对应第 5 题）	4 分：能理解密码所代表的含义，并能标出对应的宝箱 2 分：能理解密码所代表的含义，但不能标出对应的宝箱 0 分：不能理解密码所代表的含义
总分	（　）/30 分	

第 2 章

大小的比较

一、家长必读

从孩子 2 岁开始，我们就要教他们"大小"的概念。可是"大小"这个概念很抽象，什么是"大小"？从什么维度来衡量"大小"？有些物体通过观看就能分辨出谁大、谁小，可是有些物体的大小很难通过观看分辨出来。

那么，我们该怎样教孩子"大小"这个概念呢？其实在美国小学数学的教学大纲里，对于"大小"有一套完整的教学流程。

第一步，学会用单元格测量物体的大小。也就是说一个物体所包含的单元格越多，那么这个物体就越大，反之则越小。

举个例子，下图源于可汗学院三年级的教学内容，这部分内容是关于面积的入门知识，但是在介绍面积的概念之前，它先用单元格描述物体的大小。左边图形有 5 个单元格，而右边图形有 10 个单元格，因此左边图形小，右边图形大。

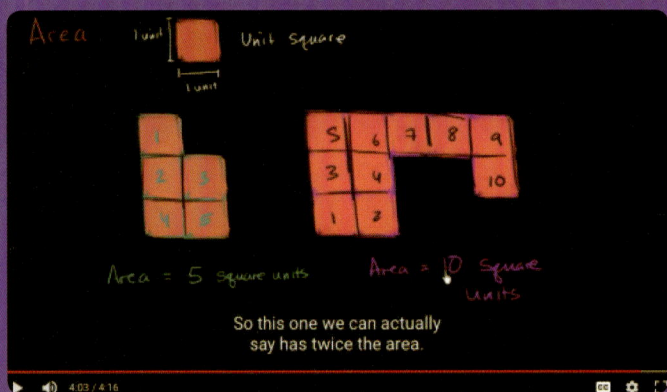

第二步，学会用面积测量物体的大小。这个是二维平面几何的范畴。

第三步，学会用体积测量物体的大小。这个是三维立体几何的范畴。

在后面的版块里，你能看到很多关于大小的例子，有的关于平面几何，有的关于立体几何。我们将通过这些案例来加深孩子对于"大小"这个概念的理解。

二、知识点学习

在分辨物体的大小时，一般分为两种情况。

1. 通过观看能分辨物体大小

有时候，我们通过观看就能分辨出物体的大小。例如：将下面的网球和足球进行比较，把两个物体放在一起后，你觉得哪个球比较大呢？

2. 通过观看不能分辨物体大小

有时候，我们很难通过观看分辨出物体的大小。比如右面这两幅图，你觉得哪只动物更大，哪只动物更小呢？

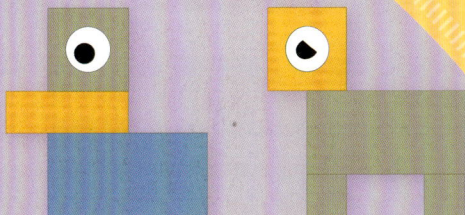

为什么有的图形我们能够通过观看分辨大小，而有的图形就不行呢？这是因为大脑区分物体的大小的精度是有限的。在精度范围内，大脑能快速地分辨出物体的大小；而超出精度后，我们就要利用工具进行分辨，这个工具就是度量单位。

在下图中，我们利用格子作为度量单位，将两个动物分别换算成格子的数量，那么它们之间的大小就能很容易分辨出来了。

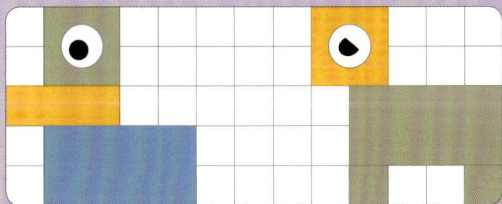

请你数一数格子的数量，再比一比上面两只动物，哪只大，哪只小？你是怎么判断的？

实际上，就算是用眼睛能分辨出来的物体的大小，一样可以用度量单位表示，只不过它们的大小关系更加明显，我们一眼就能看出来。

例如：上文说的网球和足球的比较，如果我们也用格子表示，哪个大、哪个小？你是怎么判断的呢？

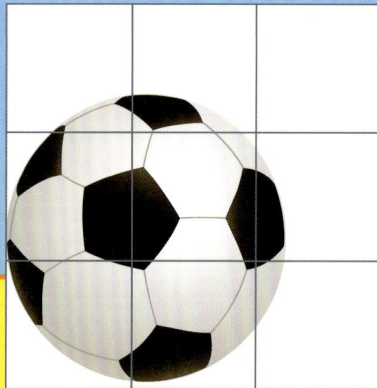

前面讲的是平面图形，而立体图形也有大小的区别。我们同样可以用格子衡量物体的大小，只不过这次格子是立体的小方块，小方块的数量就决定了物体的大小。

看一看下面两幅图，你觉得哪个物体大、哪个小？你是怎么判断的呢？

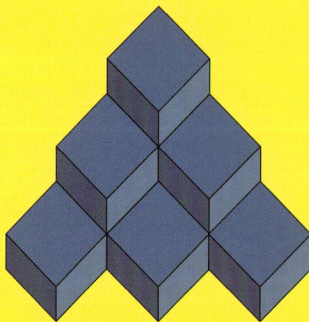

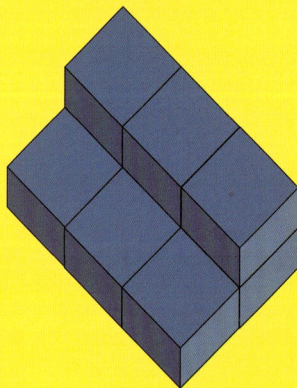

三、思维能力培养

1. 大球放在大盒子里，小球放在小盒子里。请你按照大小的规律，把球放到合适的盒子里，用线连起来。

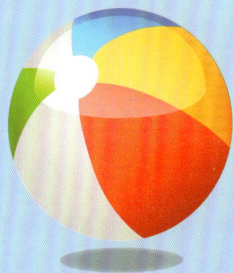

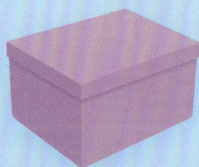

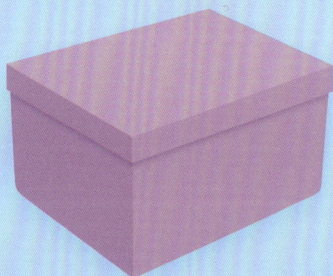

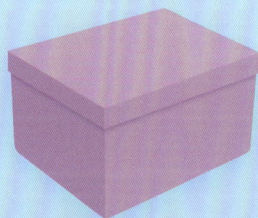

2.请你帮动物们找到对应的脚印吧，用线连起来。

3. 3 只小鸟分配花园，哪只鸟的花园占的地方大、哪只鸟的花园占的地方小？请你按从大到小的顺序将小鸟与方框用线连起来。

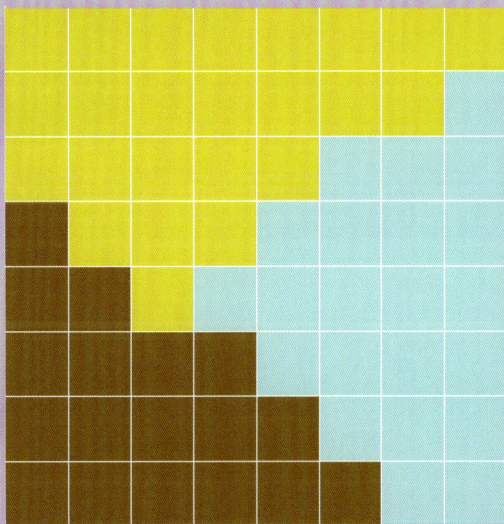

□ > □ > □

4. 哪本书占的地方大？请你按从大到小的顺序将书与方框用线连起来。

□ > □

四、STEAM 天地

背景介绍

《沉思的阿基米德》，费蒂（Fetti），1620 年

2300 年前，古希腊诞生了一位伟大的学者，他的名字叫阿基米德。

阿基米德是伟大的科学家、数学家和物理学家，历史上流传着一个著名的阿基米德检测皇冠是否为纯金的故事。

传说古希腊的国王请工匠用黄金打造了一顶皇冠，等皇冠打造好后，国王开始想："这顶皇冠是不是用纯金打造的呢？那个工匠会不会骗我呢？"

于是国王请阿基米德帮忙想个办法，在不破坏皇冠的情况下，检测这顶皇冠是不是用纯金打造的。

阿基米德想啊想，就是没有想到好办法。一天，他去洗澡，一路上都在想如何解决国王的问题。等阿基米德泡到水里后，他发现似乎他的体重减轻了，只要轻轻一用力，他的身体就可以浮起来。而且当他泡入浴盆后，浴盆的整个水位就会有明显的上升。

阿基米德灵机一动，他突然想到一个检测皇冠的好方法。于是他连忙奔向皇宫，请国王找到一块黄金和一块白银，它们的质量一模一样。然后取两个大小相同的容器，都倒入同样高度的水。

接着，阿基米德将黄金和白银分别投入两个容器中。结果他发现，装有白银的容器中水位上升得明显比装有黄金的容器高很多，也就是说质量相同时，白银的体积比黄金的体积大。

"通过这个方法就能检测皇冠是不是纯金打造的啦！"阿基米德很兴奋地向国王分享他的喜悦。

"不就是把东西扔到水里吗，这能说明什么呢？"国王目瞪口呆。

这时候，阿基米德不慌不忙地说出了他的检测方法……

在后面的项目里，你将作为阿基米德的学生，利用他之前发现的原理，检测皇冠到底是不是纯金打造的。

训练目标

用排水法比较不同物体的大小。

设 计 过 程

有一天，阿基米德想考察一下他的众多学生中谁最具智慧。于是他把学生都召集过来，出了几道题。

1. 判别物体大小

（1）桌子上摆了一个鸡蛋和一个柠檬，阿基米德让学生们想想办法，判断它们哪个大、哪个小。

就在大家一筹莫展的时候，有个聪明的孩子站了出来。他拿出两个容器，都倒入同样高度的水，接着将鸡蛋和柠檬分别投入两个容器中，然后告诉大家答案。

阿基米德笑了："你回答得很对！"

看一看左面的图，你知道鸡蛋和柠檬哪个更大吗？为什么？

　　这其中的原因很有趣。当物体泡在水里时，会把周围的水排开，使得水面上升；当物体完全浸入水中时，物体排开的水的体积就等于物体的体积，也就是物体的大小。物体越大，水面上升越高。

　　例如：在比较鸡蛋和柠檬的大小时，大家很难通过观看分辨出来，所以聪明的孩子先制作了度量工具：同样的容器装了同样多的水，这时候它们的水面是一样高的。

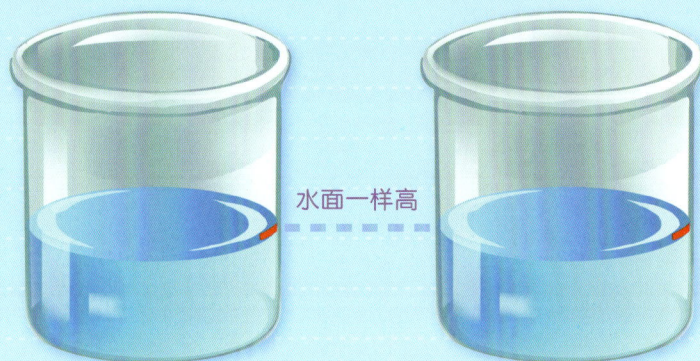

水面一样高

　　然后，把鸡蛋完全浸入其中一个容器，水面会上升。也就是放入鸡蛋以后，容器里面装的东西多了。

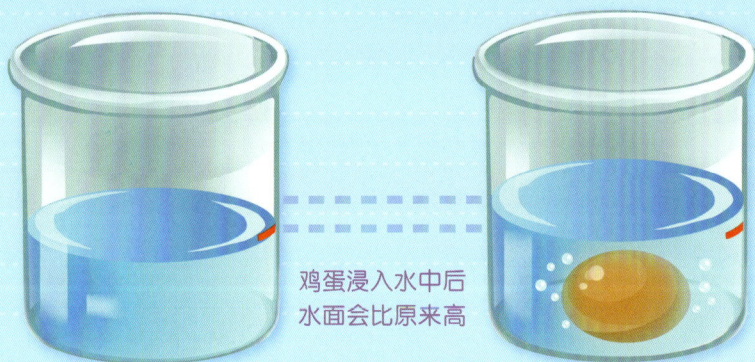

鸡蛋浸入水中后
水面会比原来高

把柠檬浸入水中后，水面也会上升。这时候只要观察两个容器的水面高低，就能比较出来鸡蛋和柠檬的大小了。因为柠檬让水面上升更多，所以柠檬比鸡蛋大。

柠檬浸入水中后
水面升高到这里

鸡蛋浸入水中后
水面升高到这里

聪明的孩子用容器这个度量工具，把很难通过观看分辨出来的大小变得可以度量，从而比较出了物体的大小。

（2）接着，阿基米德又拿出一个木碗，他问大家木碗和鸡蛋哪个更大。这时候，另外一位孩子自告奋勇地站出来，说他知道答案。

这个孩子也仿照前面一个孩子的做法，取了两个容器，倒入同样高度的水，然后将鸡蛋和木碗分别投入两个容器中。不过，这一次鸡蛋沉到水底，而木碗浮在水面上。

　　这时候，他信心满满地告诉阿基米德，因为放鸡蛋的容器水位更高，所以鸡蛋比木碗大。

　　你认为这个孩子说得对吗？为什么？

　　如果他说得不对，你可以纠正他的错误吗？

　　（3）阿基米德又拿出3个物体：一个鸡蛋、一个苹果、一根香蕉。他问大家："我不但想知道哪个物体更大，还想知道这几个物体有多大。谁有办法？"

又是那个聪明的孩子站出来说："我有一个办法。"于是他做了1个带刻度的容器，容器从第一根刻度线开始，每向上1格就相当于增加1个鸡蛋的大小。

他把鸡蛋、苹果和香蕉分别放入水中，看看下面的图，你能回答这些问题吗？

请你按从大到小的顺序将这 3 个物体与方框用线连起来。

☐ ＞ ☐ ＞ ☐

如果用鸡蛋作为测量单位的话，那么香蕉和苹果分别多大呢？

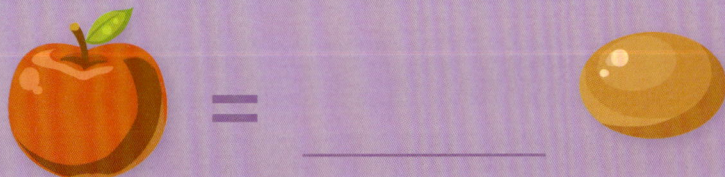

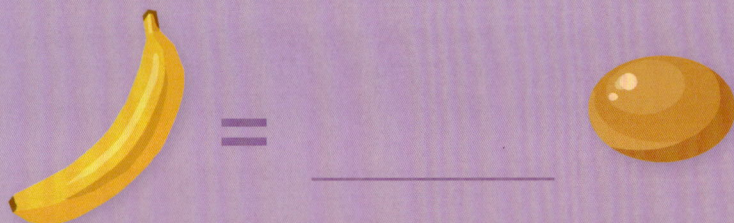

🍎 ＝ _____ 🥚

🍌 ＝ _____ 🥚

如果用香蕉作为测量单位的话，那么苹果多大呢？

🍎 ＝ _____ 🍌

★ **2. 变大的鸡蛋**

那天特别寒冷，学生们在做实验时，将鸡蛋放入水中标记好刻度后，没过多久，水竟然结冰了。这时候一个孩子突然叫了起来："鸡蛋竟然变大了？！"

大家凑过去一看，原来容器里的水变成冰后，位置升高了。

鸡蛋会变大？你觉得是这样吗？

其实，水和冰是同样的物质，只是状态不同。水结冰后体积会变大，而冰融化成水后体积会变小。所以，相同质量的水和冰，冰的体积要比水的体积更大呢！

你可以尝试做一个实验，准备相同质量的水，分别倒入两个容器里，将其中一个容器放入冰箱冷冻一晚。第二天，将两个容器进行对比。请你看看下面两张图中哪一个容器装的是水，哪一个容器装的是冰块？

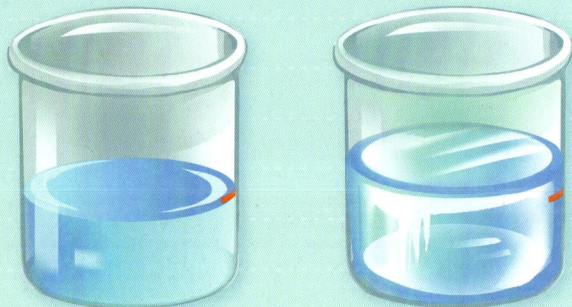

039

★★ 3. 真假皇冠

最后阿基米德拿出一顶皇冠说："国王问了我一个问题，他想知道这顶皇冠是不是由纯金打造的，你们谁能回答这个问题呢？"

阿基米德提供的工具只有两个盛水的容器，以及一根和皇冠质量相同的金条，你怎样才能判断皇冠是不是纯金打造的呢？

如果觉得这个问题很难，想想前面我们做的冰和水的实验，再想想之前阿基米德做的白银和黄金的实验，从这两个实验里，我们得出一个结论：

不同的物体，尽管质量一样，但是大小是不一样的。

你现在是不是有点灵感了呢？

五、学习检查表

年龄	检查时间	
知识点学习	知识点	是否理解
	a. 用格子测量物体大小	
	b. 用面积表示物体大小	
	c. 用体积表示物体大小	
思维能力培养	通过肉眼正确识别大小（对应第1题、第2题）	4 分：2 题正确 3 分：1 题正确 0 分：均错误
	通过格子判断物体大小（对应第3题、第4题）	4 分：2 题正确 3 分：1 题正确 0 分：均错误
STEAM 天地	通过参照物判断物体大小［对应第1-（1）题］	4 分：回答正确并且能找出参照物 3 分：回答正确但不能找出参照物 2 分：能找出参照物但回答错误 0 分：不知道要通过参照物判断物体大小

STEAM 天地	准确理解物体大小的含义［对应第1-（2）题］	4 分：知道木碗浮在水面上则无法准确测出它的大小，并且能找到误差很小的改善方案 3 分：知道木碗浮在水面上则无法准确测出它的大小，能找到改善方案，但并未考虑误差问题 0 分：不知道木碗浮在水面上则无法准确测出它的大小
	能用数值表示大小，并且能做出大小的间接推理［对应第1-（3）题］	4 分：不但能知道苹果和香蕉等于多少个鸡蛋，还能知道苹果等于多少个香蕉 3 分：能知道苹果和香蕉等于多少个鸡蛋，但不能知道苹果等于多少个香蕉 0 分：不知道苹果、香蕉和鸡蛋大小的数值关系
	能否把物理现象和大小对应上（对应第2题）	4 分：能 0 分：不能
	能否把大小问题的知识用于解决实际问题（对应第3题）	4 分：能 0 分：不能
总分	（　　）/28 分	

第 3 章

轻重的比较

一、家长必读

"轻重"是孩子从小就要学习的数学概念，它属于数学里的测量范畴。

学习"轻重"这个概念，有两个关键点。

1. 能够通过观察图形知道哪个物体轻、哪个物体重。

2. 能够通过数字测量物体的轻重。

其实，"轻重"这个概念不仅和数学相关，也和科学有很紧密的关系。

例如：将同样大小的物体放在水里会出现不同的状态，这个状态能反映出物体的轻重不同，这其实是物理学里密度的概念。

再如，古时候，人们会用秤测量物体的轻重，这其实是物理学里杠杆的概念。

因此，学习"轻重"这个概念，一定要将数学和科学相结合，利用科学现象让孩子了解"轻重"、测量"轻重"。只有这样，孩子才会对质量理解得更加透彻。

二、知识点学习

　　我们在判断物体的轻重时，有时候通过观看就能分辨出来。

　　例如：看看下面的石头和羽毛，你觉得哪个轻、哪个重呢？

但有时候，我们通过观看很难分辨物体的轻重。

例如：看看下面的苹果和梨，你觉得哪个轻、哪个重呢？

这时候，我们需要工具的帮助。

例如：我们可以用秤（又叫等臂秤）测量。

看看下面这张图，你觉得梨和苹果哪个较重呢？

通过使用秤，我们能很快分辨出来，梨比苹果重。因为质量越大的物体受到地球吸引而产生的重力就越大，它就越向地面靠近。

谁重谁就越难离开我。

所以，当苹果和梨分别放在秤的两端时，我们只要观察哪一端离地面近，也就是秤越低，它的质量就越大。在用秤比较轻重的时候，实际上我们是把轻重关系转换成了到地面距离的高低关系。

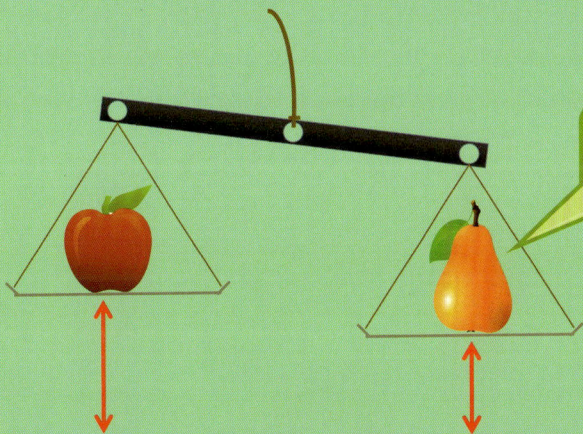

我比你更靠近地面，所以我比你重。

因此，当没法判断物体的轻重时，可以借助一些工具，帮助我们判断质量的大小。

想一想

除了使用秤，还有什么方法能帮你判断两个物体的轻重？

三、思维能力培养

1. 狮子与河马谁重，请你按从重到轻的顺序将它们与方框用线连起来。

☐ > ☐

2. 大小相同的 4 个球放在水中，请你按从重到轻的顺序将球与方框用线连起来。

$\square$ > $\square$ > $\square$ > $\square$

3. 哪只小鸟重？在它前面的方框里打钩吧。

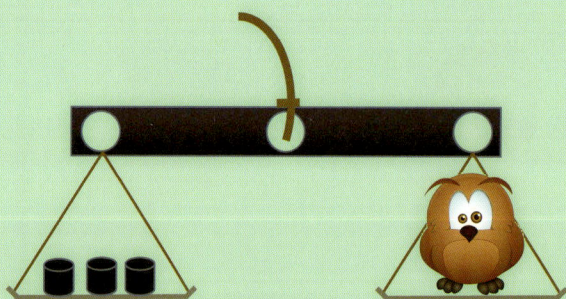

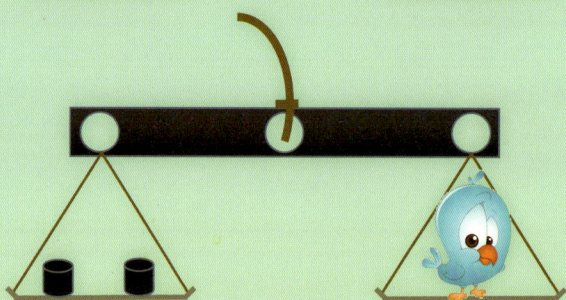

4. 3 只小动物哪只最重，请你按从重到轻的顺序用线将它们与方框连起来。

☐ > ☐ > ☐

5. 1 个草莓的质量等于 2 个坚果的质量，1 个梨的质量等于 3 个草莓的质量，那么 1 个梨的质量等于多少个坚果的质量？

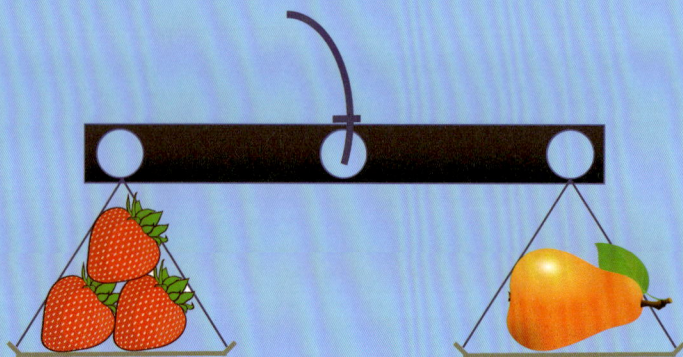

四、STEAM 天地

背景介绍

春秋时期的越国有一位著名的政治家、经济学家，他叫范蠡（读音为 fàn lǐ）。范蠡经商时发现，人们在买卖东西的时候，都是通过观看估计质量，这样很难做到公平交易，于是他想发明一个测量物体质量的工具。

有一天，他看见一个农夫在井边打水，他的方法很巧妙：先在井边竖立一个高高的木桩，再将一根横木绑在木桩顶端。而横木的一头吊着木桶，另一头系上石块，此上彼下，如此打水就很省事。

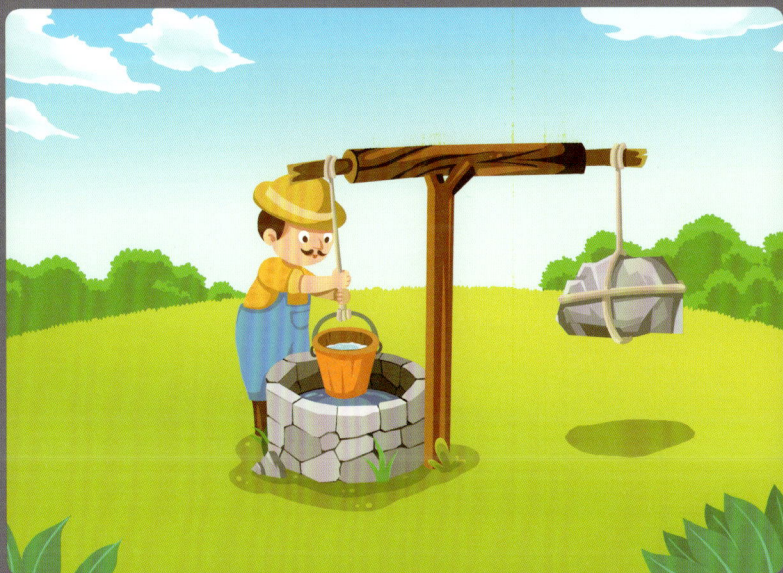

受此启发，范蠡立刻回家模仿起来。他选了一根木棍，钻上一个小孔，并在小孔那里系上麻绳。然后，他在木棍一头拴上吊盘，用来盛放物体，另一头系上一个鹅卵石。在测量物体质量的时候，鹅卵石离绳子越远，表示吊盘里的物体越重，反之则说明物体越轻。

那么，怎样表示物体有多重呢？范蠡想了一个好主意，他用天空中的南斗六星和北斗七星作为标志，并结合"福禄寿"三星，将一共 16 颗星刻在木棍上。一颗星就代表一两，而十六两则为一斤。

这就是中国最早的秤。

十六两秤

训练目标

设计一杆秤。

设计过程

秤由 4 部分组成：左边的杆叫作标；右边的杆叫作本；左边的托盘放砝码，叫作权；右边的托盘放待测物体，叫作重。

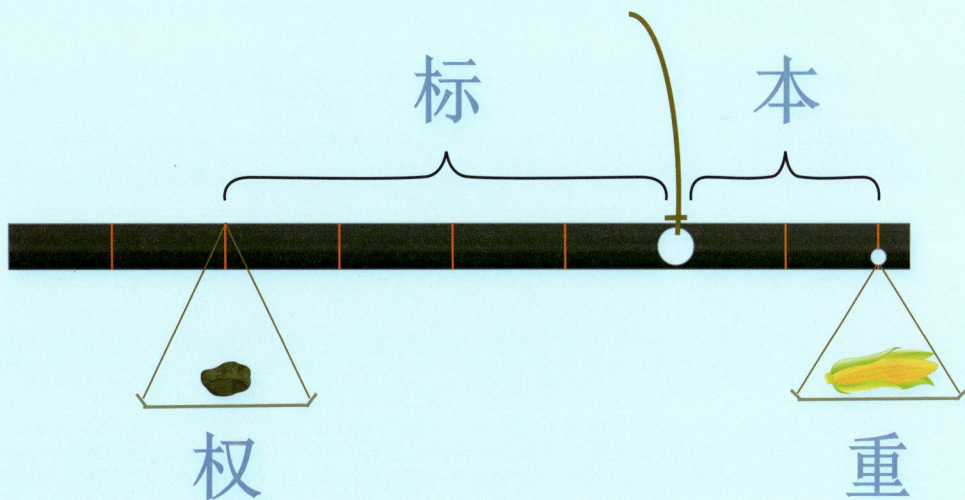

标　　本

权　　重

秤的横杆上带有刻度。当人们在称物体时，会让砝码（权）在杆上左右移动，待杆水平静止后，砝码所在的刻度数就是被称物体（重）的质量。

如下图所示，杆水平静止后，砝码指向的刻度是2，玉米的刻度也是2，这时候1根玉米的质量等于1个砝码的质量。

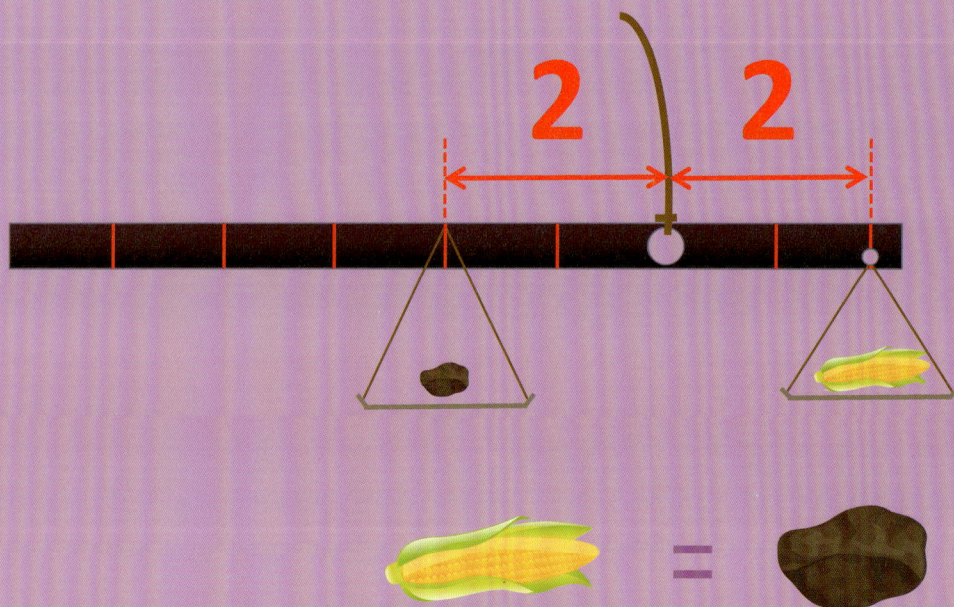

如果杆水平静止后如下图所示，那么 1 根玉米的质量等于 2 个砝码的质量。

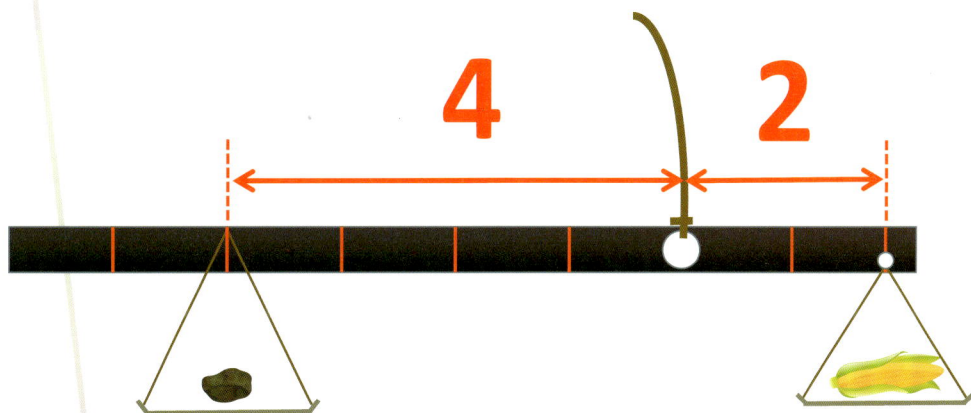

如果杆水平静止后如下图所示，那么 1 个砝码的质量等于 2 根玉米的质量，或者说 1 根玉米的质量等于半个砝码的质量。

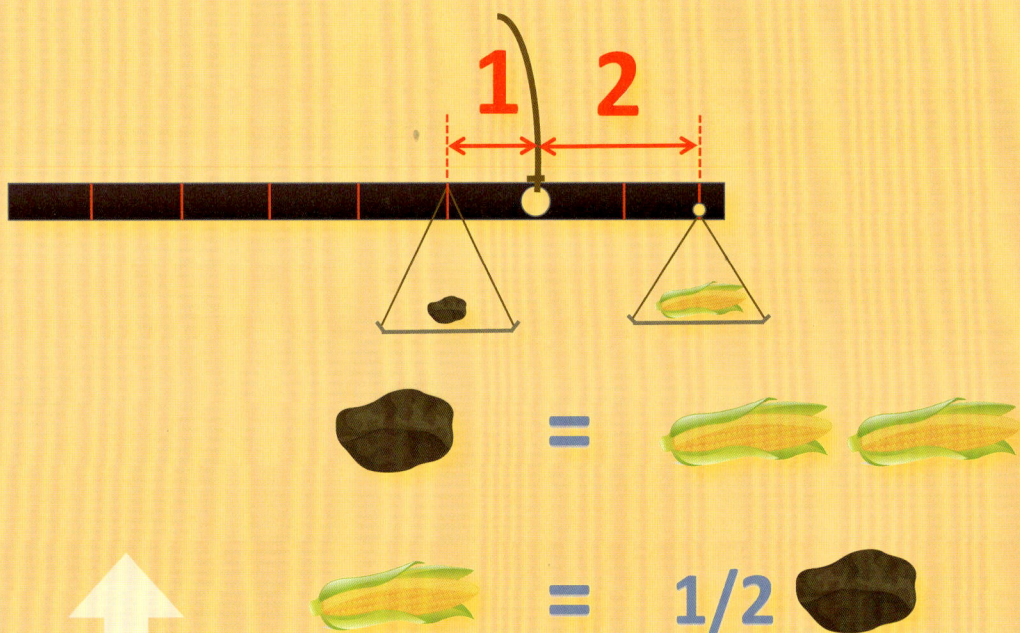

1. 等臂秤的设计

如果左右杆的长度一样，也就是说标和本相同，这台秤就是等臂秤。

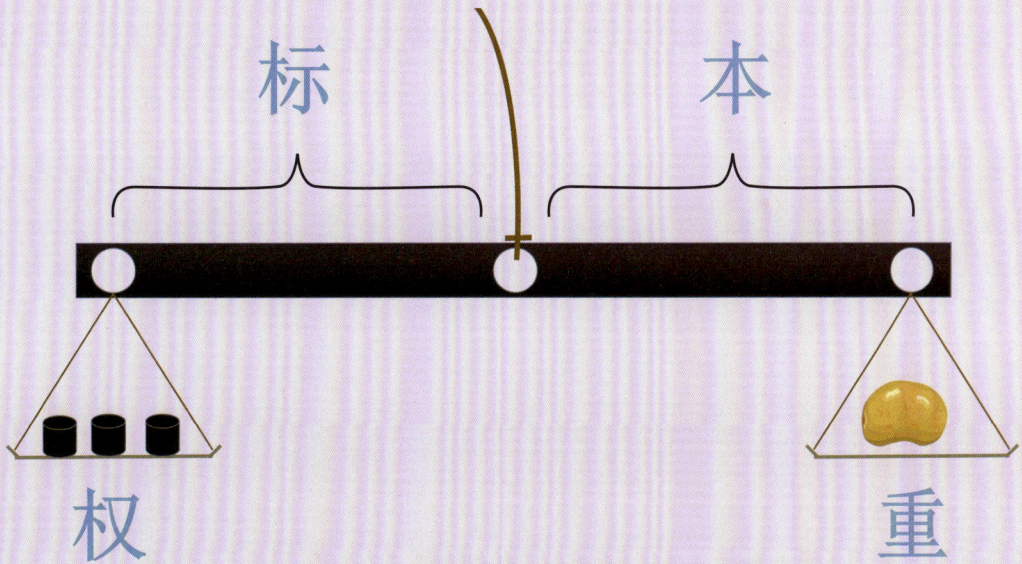

设计等臂秤很简单，只需要取一根木棍，在木棍中心穿一个孔，系上绳子，然后在木棍两头分别系上一个托盘。如果两边托盘一样高，则表示托盘上的物体一样重。

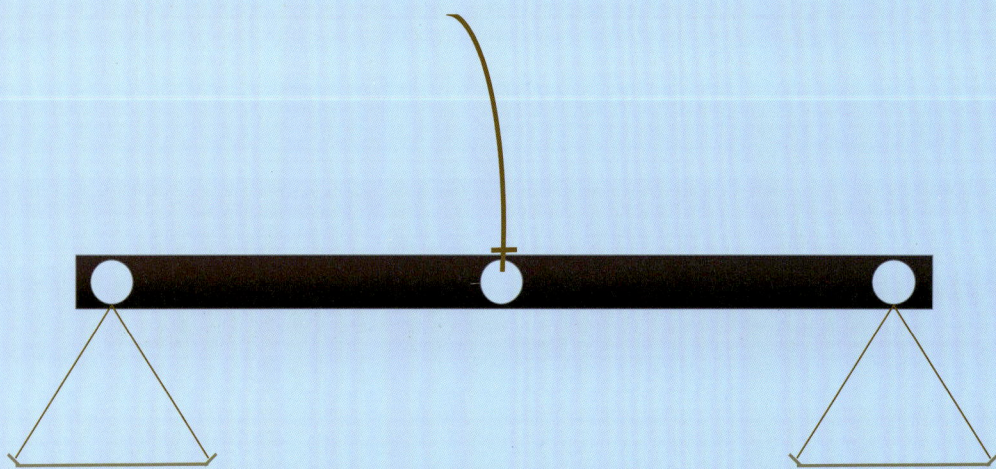

考考你会用等臂秤吗？

（1）比较轻重

①看下图，请你将正确的符号与方框用线连起来。

> = <

②看下图，请你按从重到轻的顺序将物品与方框用线连起来。

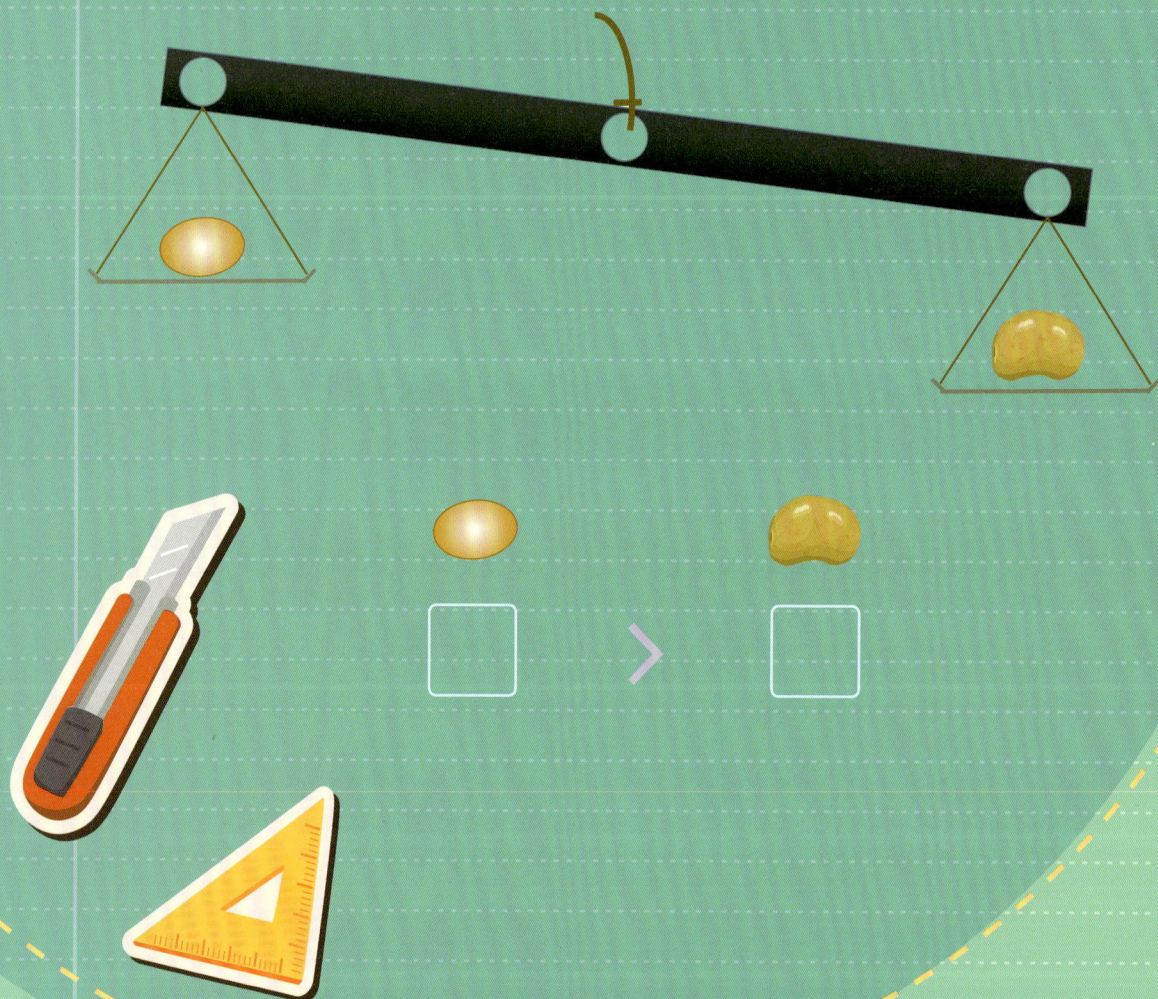

>

③看下图，请你按从重到轻的顺序将物品与方框用线连起来。

$\square$ > $\square$

（2）称出物体质量

用相同质量的石头作砝码，分别称玉米和西瓜，称量结果请看下图。

①你能按从重到轻的顺序把它们与方框用线连起来吗？

⬜ > ⬜ > ⬜

②石头是砝码，那么玉米和西瓜分别有多重？如果用玉米作砝码，西瓜又有多重？

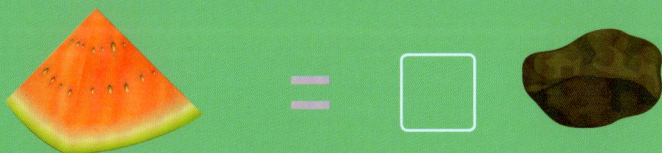

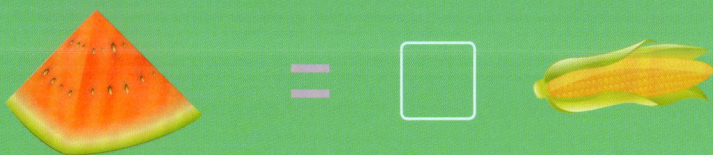

= ⬜

= ⬜

= ⬜

（3）等臂秤的缺陷

等臂秤虽然好用，但它有个缺点。下面我们再做个实验。还是用石头作砝码，这次我们测一个苹果的质量。

你觉得该放多少块石头才能测出苹果的质量呢？用这种方法还能测出苹果的质量吗？

这个实验能测出苹果的质量介于 1 块石头和 2 块石头的质量之间，但是没法得到准确的质量。这就是等臂秤的问题——精度有限，而其最小精度就是砝码的质量，这样就要保存很多的砝码。而且，如果待称的物品非常重，我们要找到同样重的砝码很不方便。

2. 不等臂秤的设计

因为等臂秤存在缺陷，后来人们又发明了不等臂秤。不等臂秤的制作方法和等臂秤一样，唯一的区别在于左右杆长度不相等，也就是标和本不一样长。称重时只用 1 个砝码。

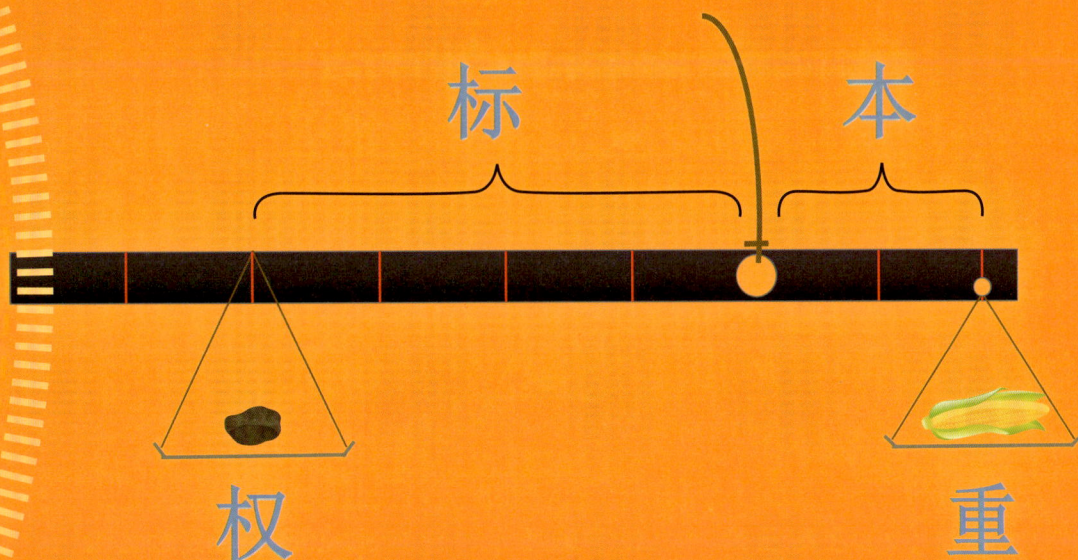

标　　　　　　　　**本**

权　　　　　　　　**重**

不等臂秤的秤杆上有刻度，我们只要用同一个砝码在杆上左右移动使得秤平衡，再读取刻度的数值，就得出了待测物体的质量。标越长，代表着待测物体越重，反之越轻。

考一考

你会使用不等臂秤吗?

（1）如果砝码与鱼一样重，下图哪个是正确的？为什么？

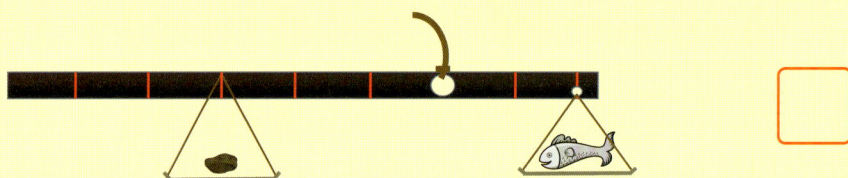

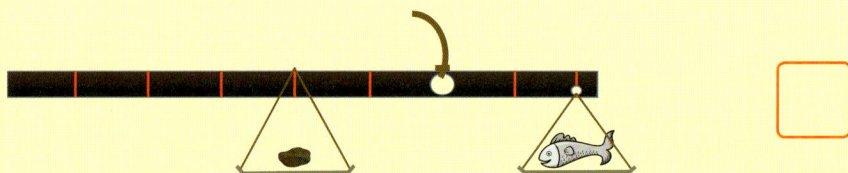

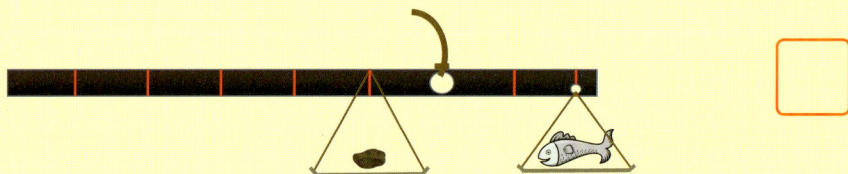

（2）在称玉米时，如下图所示，这时候砝码应该是向左移还是向右移才能使秤平衡？在移动时，标是变长了还是变短了？

★（3）根据下图，推断物体之间的质量关系。

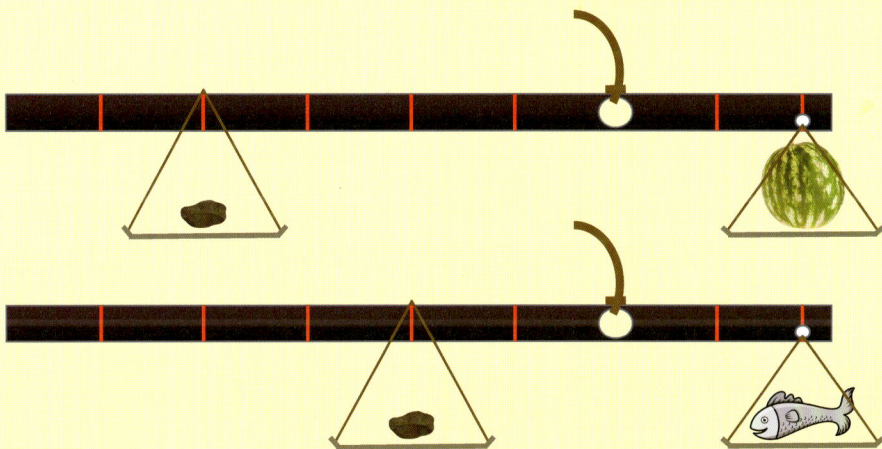

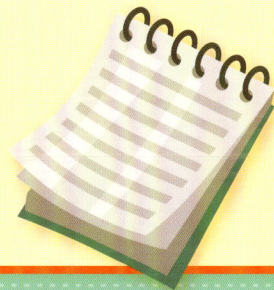

★★3. 秤的妙用

有一个奸商，他在卖给别人 10 袋面粉的时候，悄悄在其中一袋面粉里塞满了石头。袋子都是密封好的，不能挨个拆开检查。你现在只有一杆等臂秤，并且知道石头比面粉重，请问你有办法找出那个塞满石头的面粉袋吗？

请画出你的步骤，并说明方法。

实验步骤：

如果按照你的方法，最快称几次能找到装着石头的面粉袋呢？最慢需要称几次？

五、学习检查表

年龄	检查时间	

	知识点	是否理解
知识点学习	a. 通过观察图形比较轻重	
	b. 用工具 / 数值测量轻重	
思维能力培养	直观的轻重比较（对应第1题、第2题）	4 分：2 题正确 3 分：1 题正确 0 分：均错误
	带间接推理的轻重比较（对应第3题、第4题）	4 分：2 题正确 3 分：1 题正确 0 分：均错误
	把轻重关系数值化（对应第5题）	4 分：正确 0 分：错误

STEAM 天地	直观的轻重比较 ［对应 1-（1）的 3 道题］	4 分：3 题正确 3 分：2 题正确 2 分：1 题正确 0 分：均错误
	间接推理出的轻重比较 ［对应第 1-（2）-①题］	4 分：正确 0 分：错误
	把轻重关系数值化［对应第 1-（2）-②题，以及对应"2. 不等臂秤的设计"的 3 道题］	4 分：3 题或 3 题以上正确 3 分：2 题正确 2 分：1 题正确 0 分：均错误
	发散思维（对应"3. 秤的妙用"）	4 分：能找到解决问题的正确方法 3 分：知道通过石头与面粉的质量不同这一点来解决问题，但无具体的解决思路 0 分：无任何思路
总分	（　）/28 分	

第 4 章

空 间 方 位

数学里有一个专门的概念叫作"空间方位"，它用来描述物体在空间中的位置。这个知识点不仅属于数学，也是语文阅读理解的一个范畴，如谁在谁的左边、谁距离谁多远等，只有准确理解了文字，才有可能实现后续的解题。

"空间方位"看似容易，其实由浅入深包含了 3 个知识点。

一、家长必读

1. 认识方位

方位可以是左右、上下、前后、内外，也可以是东、南、西、北。

但此处尤其需要注意的一点是，所有的方位都基于一个参照物，参照物不一样，方位的描述也会不一样。

例如：

"我站在妈妈的右边"，这是以妈妈为参照物，我在右边。

而如果换一种描述，"妈妈站在我的左边"，这是以我为参照物，妈妈在左边。

你看，虽然两个方位描述的内容不同，但是对应同一个意思。

2. 认识地图

在美国小学的数学课程里，就有专门关于 Map（地图）的章节，要求孩子在地图中规划行动路线。比如说，孩子要会看东、南、西、北，从而学会找路线；或者沿着路线导航行动。

3. 认识坐标

平面坐标也是空间方位的一个重要知识点，它是用两个轴表示位置的。平面坐标的概念是孩子到初中后学习代数与几何的基础。

二、知识点学习

我们在生活中经常会用到空间方位，通过上下、左右、前后、内外的描述，大家可以了解位置和方向。

爸爸开车时，地图导航提示"前方 200 米右转"，这是指引路线的方向。

杰克在陌生的城市迷路了，警察叔叔告诉他："往前走，在第二个路口右转，走到底就到了。"这也是指引路线的方向。

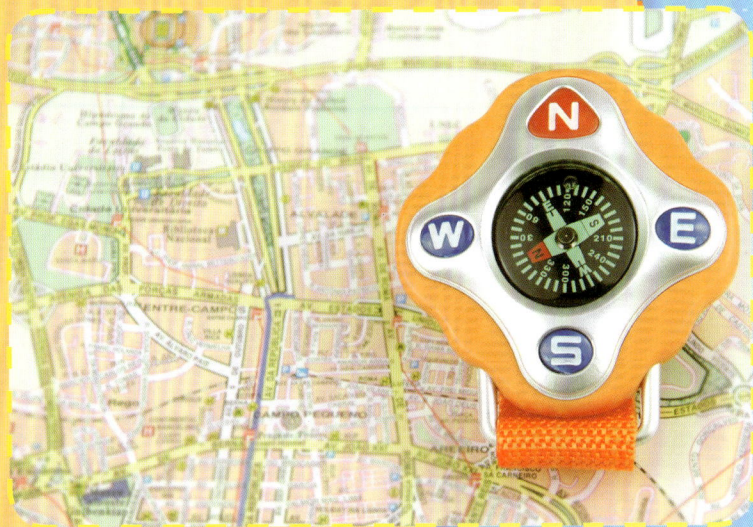

杰克想请阿姨帮忙在书架上拿一本书，他说："阿姨，可以帮我拿本书吗？从上面数第1排，从左边数第2本书。谢谢。"杰克这是在指明图书的位置。

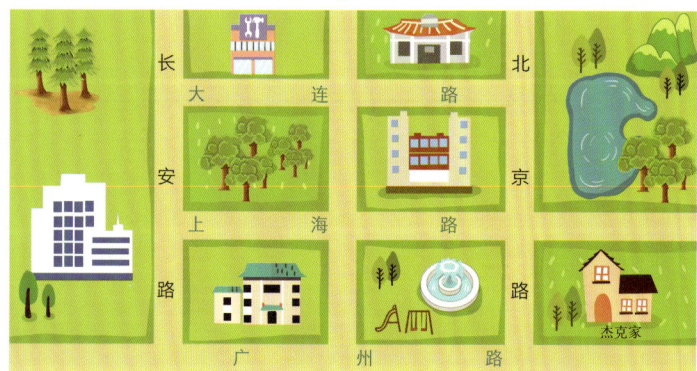

杰克约了几个朋友到他家里玩，他和朋友们说："我家在北京路的东边，在广州路的北边。"杰克这是在指明他家的位置。

国际象棋的棋盘是个正方形，由 8×8 共计 64 个方格组成，横轴编号从左到右依次是 a、b、c、d、e、f、g、h；纵轴编号从下到上依次是 1、2、3、4、5、6、7、8。这样我们就可以用字母和数字表示每个格子的位置。例如：b8 格子上放的是黑马，e8 格子上放的是黑王。这种表示方法就是坐标系的位置标注法。

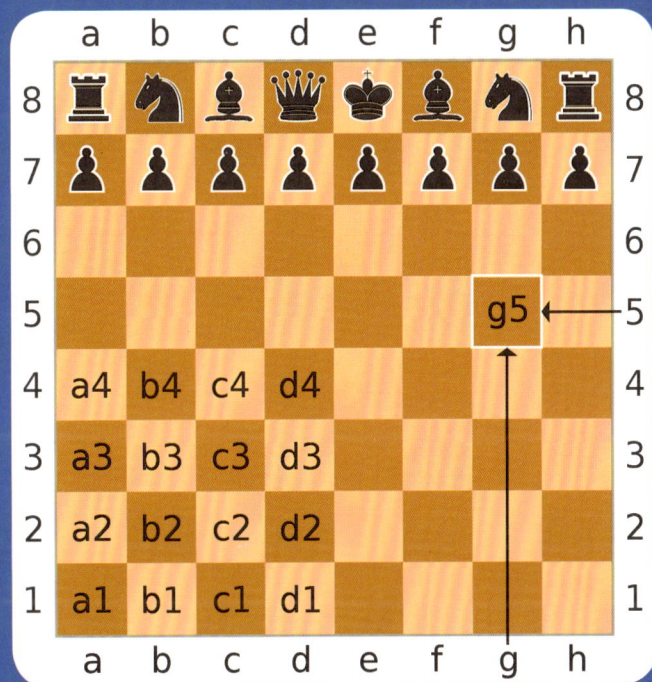

三、思维能力培养

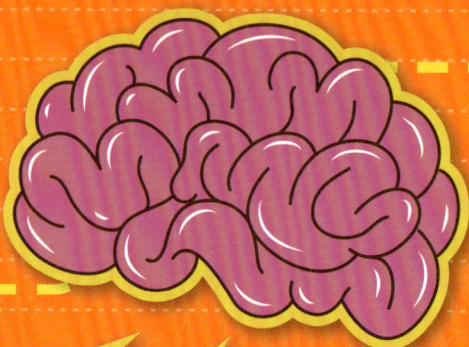

1. 请你看下图，分别说出每幅图是左手还是右手。在方框里打√吧！

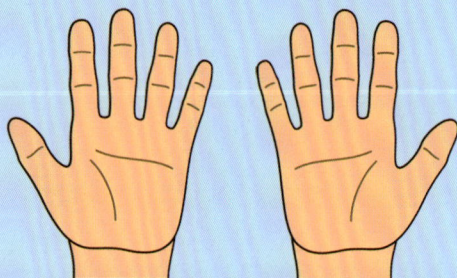

☐ 左手 ☐ 左手
☐ 右手 ☐ 右手

☐ 左手 ☐ 左手
☐ 右手 ☐ 右手

2. 给同学们排座位。

老师忘记了教室里每位同学的座位，你能根据下面的信息帮助老师恢复同学们的座位吗？

G 的座位在 A 的正北边；

M 和 A 是同桌，他坐在 K 的西边；

L 坐在 M 的正南边；

F 坐在 K 的北边；

P 的座位在教室的东北角，她和 C 是同桌；

D 和 R 的位置离讲台最近，R 的座位靠墙最近；

Q 坐在 D 的北边，E 的西边；

B 坐在 F 的东南方向，在 K 的旁边；

H 坐在教室的西南角；

N 坐在 K 的西北方向；

O 坐在教室靠北边；

I 坐在 B 的南边，在 J 的旁边。

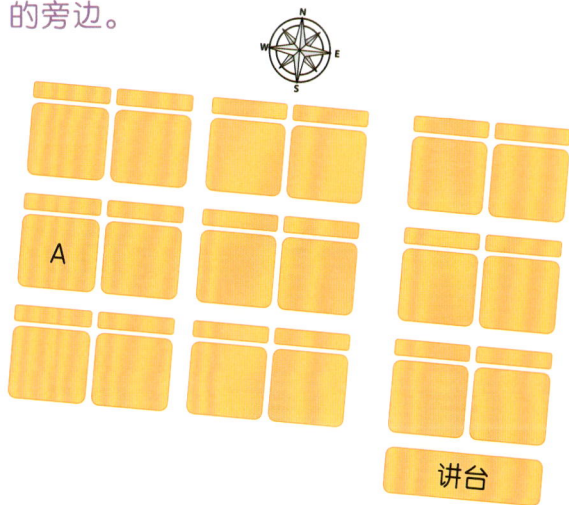

A

讲台

3.请看下图，根据指令画出一条连续的线。

（1）从起点开始；

（2）沿着小路过去；

（3）从球门中间穿过去；

（4）从桌子上面过去；

（5）从椅子下面过去；

（6）从两面旗帜中间穿过去；

（7）在终点处停下来。

起点      终点

4. 你到动物园游玩，一进门就想先去看长颈鹿，请你告诉爸爸、妈妈应该怎么走。

看完长颈鹿后，你又想去看袋鼠，请你告诉爸爸、妈妈这个路线该怎么走。

第 一 大 道

第 二 大 道

第 三 大 道

第 四 大 道

非 洲 大 街

澳 大 利 亚 大 街

5. 下图是一张动物园的地图，横轴和纵轴的数字代表了每种
小动物的坐标，如鹦鹉的坐标是（11，12）。

你能帮忙把下面几种动物的坐标写出来吗？

斑马：_____   狮子：_____
大象：_____   熊猫：_____

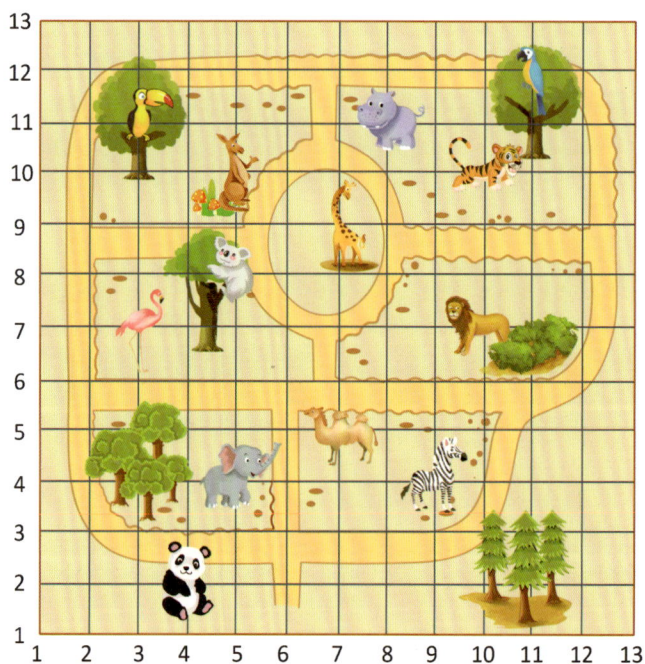

四、STEAM 天地

背景介绍

卫星导航是人类一个伟大的发明，它利用天上的卫星对地球上的物体进行定位，不仅能显示物体坐标，还能测出物体的移动速度。

卫星导航的出现大大方便了人类的出行。即使开车出门不认识路，人们也可以根据卫星导航找到目的地。在当今前沿的汽车自动驾驶技术中，卫星导航是其实现的关键。

卫星导航不仅方便了人们的生活，在航空、航海、通信、农业、测绘、气象、军事等方面都得到了大量的应用。

目前世界上有 4 种卫星导航系统，分别是美国的 GPS、俄罗斯的 GLONASS、欧盟的 GALILEO 和中国北斗卫星导航系统。

中国北斗卫星导航系统由中国自主研发，是可以媲美美国 GPS 的一套卫星导航系统。这套系统在 2008 年北京奥运会和汶川大地震的救灾工作中发挥了重要的作用。在汶川发生地震时，地震摧毁了通信、电力和交通系统，使灾区和外界失去了联系。这时候，北斗卫星导航没有受到地震的影响，可提供位置报告服务，从而能够帮助救援部队开展抢险工作，帮助灾民顺利脱离危险。

训练目标

根据地图和位置指引，救援灾区。

设 计 过 程

　　一个地区发生了 7 级大地震，目前灾区的通信已经中断，人们只能通过北斗卫星提供的卫星地图查看灾区的情况。地震摧毁了交通和电力系统，而灾区的人们急需水和食物的救援，因此救援部队准备派直升机向灾民运送救灾物资。

1. 灾情地图

　　一支快速小分队步行前往灾区，迅速探明了灾区的情况。下图是灾区地图。根据小分队带回的信息，目前灾民主要聚集在一个岛上，分布在 4 个地方。这是一张带有位置坐标的地图，用两个数字表示位置信息，受灾村庄的位置坐标分别是（9，3）、（9，4）、（3，5）、（6，8）。

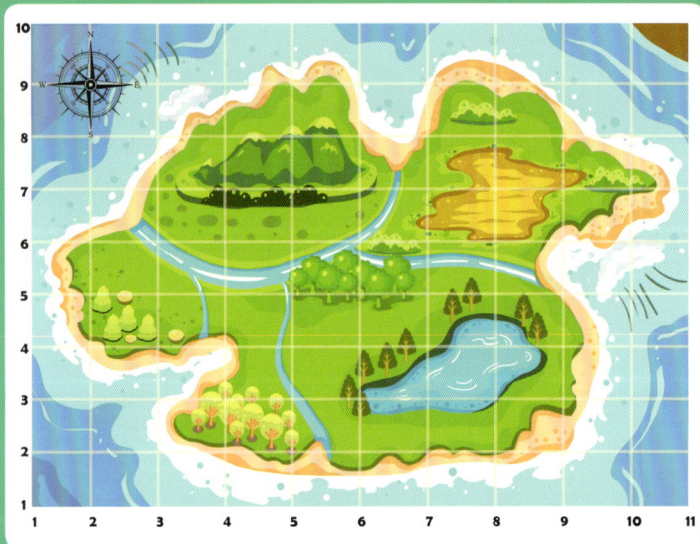

你需要在地图上标注出灾民的位置，以便直升机救援时，可以快速地将物资空投到准确的位置。

2. 装箱打包物资

灾民们目前极度缺乏水、食物、帐篷等物资，救援部队必须在最短的时间内将物资送往灾区。目前，救灾的物资已经准备好，需要装箱打包。打包箱的空间一共可以放 3 层，帐篷、水和食物箱子分别占一层（每层不可以混放物资）。

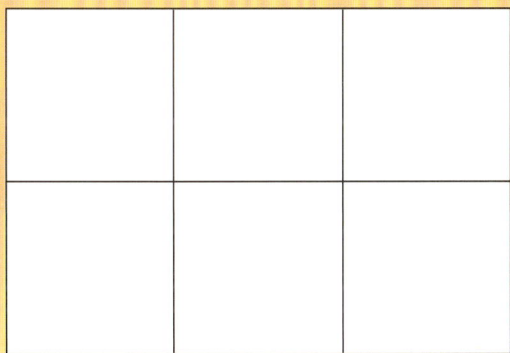

打包的时候，需要知道每种物资的箱子尺寸，才能在有限的空间里尽可能地塞入较多的救灾物资。在高度相同的情况下，箱子尺寸可以用长、宽两个数值表示，如一个箱子的尺寸是 3×2，它表示长度是 3 个格子，宽度是 2 个格子。

装帐篷的箱子的大小是 3×1，装水的箱子大小是 2×1，装食物的箱子的大小是 1×1。

帐篷：

水：

食物：

打包箱每层的大小是 3×2。

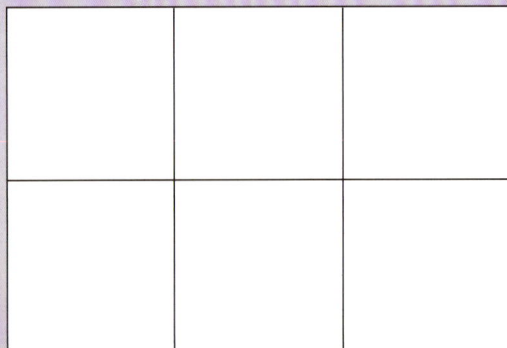

请你根据下面的要求，将这些物资打包，并将它们放入打包箱中。

每层放置一种救灾物资，需要放得尽可能多；
水不能放在其他物品的上面，因为它比较重，容易压坏其他物品；
食物的上面不能放其他物品，因为它容易被压坏。

请你根据打包要求，从俯视图的角度在空投打包箱的每层画出放置的救灾物资。

最下层

中间层

最上层

3. 空投救灾物资

直升机满载着救灾物资飞行，由于时间紧急，而且油量有限，必须尽快将所有物资投放到4个灾民聚集点，直升机只能沿着东、西、南、北方向飞行。救援直升机的位置在（1，1）。

请你根据北斗卫星导航系统提供的信息确定行驶方向，给你的飞行员下达指令。

指令分为以下几种形式。

EAST：向东飞行1格

SOUTH：向南飞行1格

WEST：向西飞行1格

NORTH：向北飞行1格

如飞到受灾村庄（9，3），它的飞行路线如下表所示。

1. EAST
2. EAST
3. EAST
4. EAST
5. EAST
6. EAST
7. EAST
8. EAST
9. NORTH
10. NORTH

（1）如需从起点处飞到受灾村庄（6，8），请你规划直升机的行动路线。

1.	
2.	
3.	
4.	
5.	
6.	
7.	
8.	
9.	
10.	
11.	
12.	

（2）当从受灾村庄（9，3）出发赶往下一个受灾村庄时，指挥部给了下面的行动路线，请问这条路线是通往哪里的呢？请在地图里把目标地点标注出来吧！

1. NORTH
2. NORTH
3. NORTH
4. NORTH
5. NORTH
6. WEST
7. WEST
8. WEST

★ 4. 完成任务

灾民在 20 小时之内必须得到救助，否则会有生命危险，而直升机在地图上每开一格就会耗费 1 小时。如果直升机从坐标（1，1）出发，在凌晨 0 点起飞，必须在 20 小时之内飞到所有受灾村庄并投掷救灾物资，请你按照上面的路线行动格式帮忙规划一下直升机的行动路线吧！

时间	行动
0 点	
1 点	
2 点	
3 点	
4 点	
5 点	
6 点	
7 点	
8 点	
9 点	
10 点	

11 点	
12 点	
13 点	
14 点	
15 点	
16 点	
17 点	
18 点	
19 点	
20 点	任务完成

五、学习检查表

年龄	检查时间		
知识点学习	**知识点**	**是否理解**	
	a. 上下、前后、左右、内外等方位的表达方式		
	b. 地图和东、西、南、北		
	c. 坐标和位置		
思维能力培养	认识方位、地图、坐标	4 分：3 题或 3 题以上正确 3 分：2 题正确 2 分：1 题正确 0 分：均错误	
STEAM 天地	根据坐标在地图上标出位置（对应第 1 题）	4 分：能正确标注 4 个位置 2 分：能正确标注 1～3 个位置 0 分：不能正确标注位置	
	根据方位指令摆放物品（对应第 2 题）	4 分：能正确画出上下 3 层的物品 2 分：能正确画出 1～2 层的物品 0 分：不能正确画出每层的物品	

STEAM 天地	认识地图、坐标和方向［对应第3-（1）题］	4分：能标出目的地的位置并能根据题意正确地说出直升机的路线 2分：能标出目的地的位置，但不能正确地说出直升机的路线 0分：不能标出目的地的位置，也不能正确地说出直升机的路线
	认识地图、坐标和方向，并能规划路线［对应第3-（2）题］	4分：能正确执行所有指令，并能标出目的地 2分：能正确执行部分指令，但目的地标注错误 0分：不能正确执行指令
	认识地图、坐标和方向，并能规划最短路线（对应第4题）	4分：能根据4个村庄的位置规划出最短的路线，并能给出正确的指令序列 3分：能根据4个村庄的位置规划出最短的路线，但不能给出正确的指令序列 2分：能根据4个村庄的位置规划出一条路线，但不是最短的路线 0分：不能正确规划出一条路线
总分	（　）/24 分	

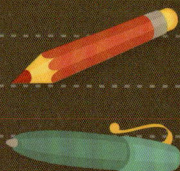

第 5 章
间隔问题

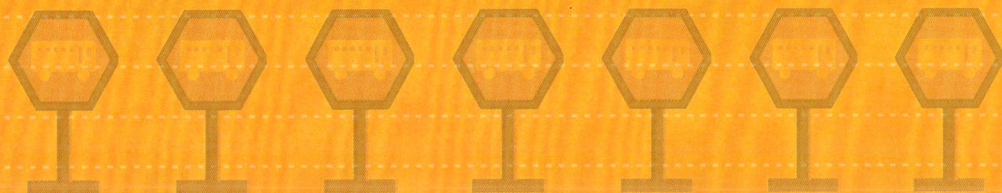

一、家长必读

间隔问题是数学思维中的一个经典问题，从幼儿园到小学高年级"奥数"都会有这样的问题出现。

例如这道题目：一根绳子从中间剪两下，绳子会分成几段？

这就是一道简单的间隔问题，我们拿绳子剪两刀，那么绳子会分成 3 段。

再如这道题目：一串数列为 1，6，11，16，21 …，请问 136 是第几个数？

这是美国小学五年级的一道"奥数"题，也是间隔问题的一个变种。解这道题目的关键，就是要计算间隔的距离，然后算出间隔数量。

总距离是 136-1=135

1	6	11	16	21	• • •	136
第 1 个数	第 2 个数	第 3 个数	第 4 个数	第 5 个数		第 ? 个数

每个间隔距离是 5

因为：总的间隔数 = 135/5=27
所以：数字 136 是第 27+1=28 个数

因此，孩子掌握解决间隔问题的这种思维方法，对他们从小到大的数学能力培养是非常有帮助的。

那么，孩子需要如何理解并掌握解决间隔问题的方法呢？在新加坡数学教学中，提供了 3 种数据模型，从幼儿园到小学"奥数"的所有间隔问题都可以通过这 3 种模型解决。

二、知识点学习

间隔问题有 3 种模型，我们用生活中种树的场景看看解决间隔问题的思维方法。

第 1 种模型：

道路上每隔一段距离都会种一棵树，如果道路两端都种着树，树一共有 6 棵，那么树和树之间有 5 个间隔。

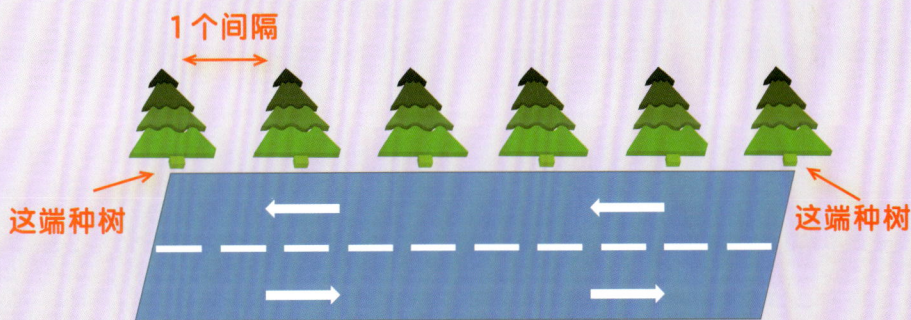

1 个间隔

这端种树　　　　　　　　　　　　　　　　　　　　　　这端种树

看看树木的数量和间隔的数量是什么关系呢？

原来，树木的数量比间隔的数量多一个。

我们也可以写成下面的表达式。

树木的数量 = 间隔的数量 + 1

间隔的数量 = 树木的数量 − 1

第 2 种模型：

如果道路一端种着树，另一端没有种树，树一共有 5 棵，那么会有 5 个间隔。

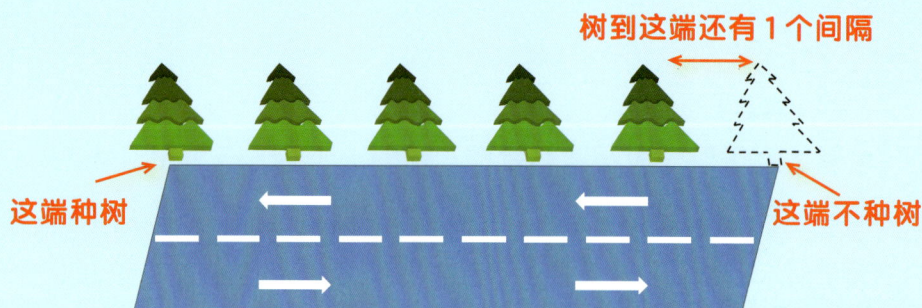

树到这端还有 1 个间隔

这端种树

这端不种树

树木的数量和间隔的数量是什么关系呢？

原来两者的数量是相等的。

我们也可以写成下面的表达式。

树木的数量 = 间隔的数量

第 3 种模型：

如果道路两端都没有种树，树一共有 4 棵，那么会有 5 个间隔。

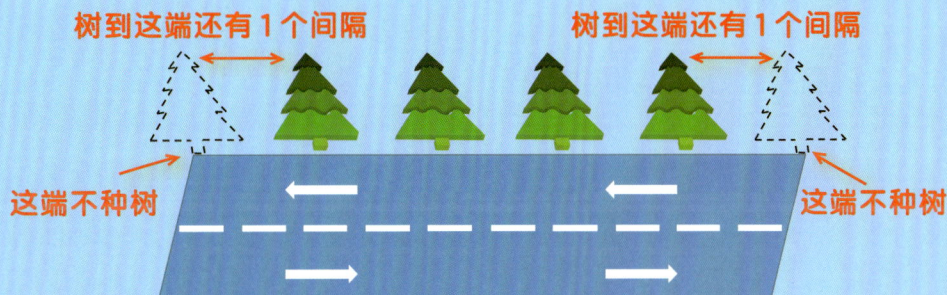

树木的数量和间隔的数量是什么关系呢？

原来树木的数量竟然比间隔的数量少了一个。

我们也可以写成下面的表达式。

树木的数量 = 间隔的数量 − 1

间隔的数量 = 树木的数量 + 1

这就是基本的解决间隔问题的思维方法。所有关于间隔问题的题目，无论有多难，解题的理论依据都是源于上面这 3 种数据模型。

在理解了间隔问题的基本思维方法后，我们下一步就得加深题目难度了。其实间隔问题理解起来并不难，难点在于这个概念的延伸和变种。

在遇到间隔问题的题目时，无论这个题目是怎样的一种形式，解题思路都可以分为 3 步。

1. 给题目建模，选择上述 3 种数据模型的一种画图表示。

2. 找出间隔或者某物的数量。

3. 根据数据模型，计算出另外一个数据（某物或者间隔）的数量。

例如下面这道题目：

如果我们家住在 5 楼，每两层楼之间有一层楼梯，那么爸爸每天回家需要爬几层楼梯呢？

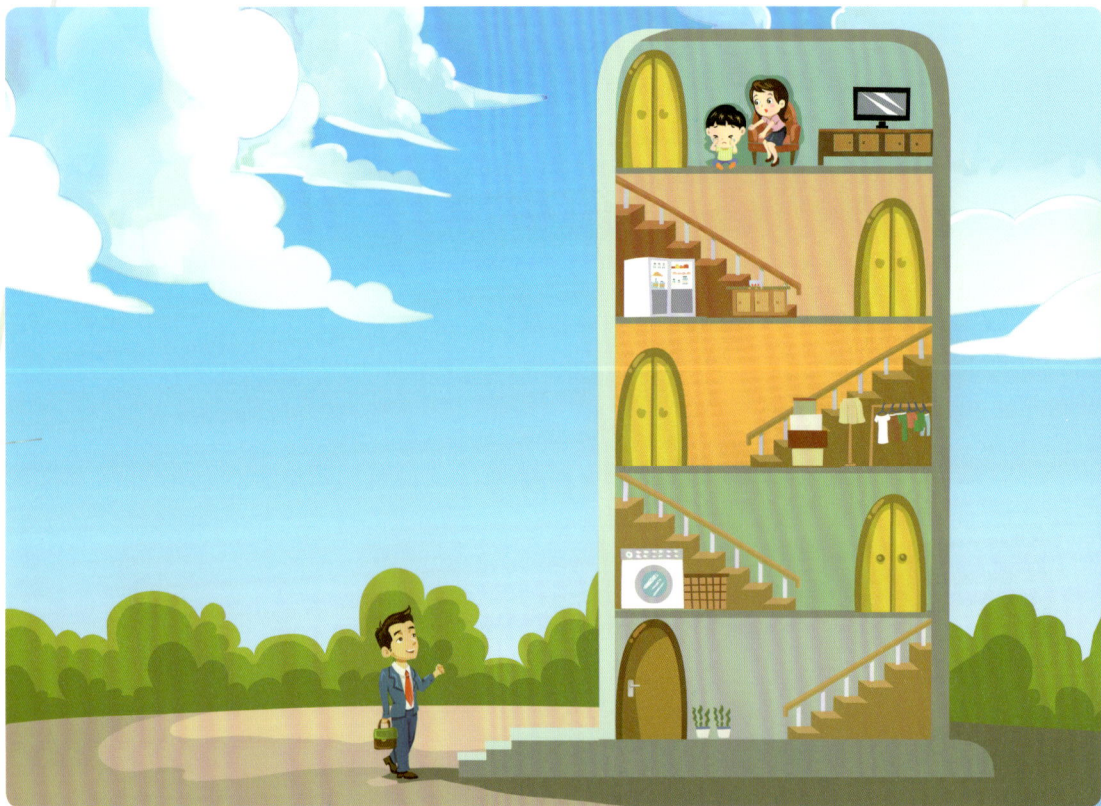

这道题目就是间隔问题的一个延伸，我们用上面的解题思路建模。

首先画出下面这个模型的图。

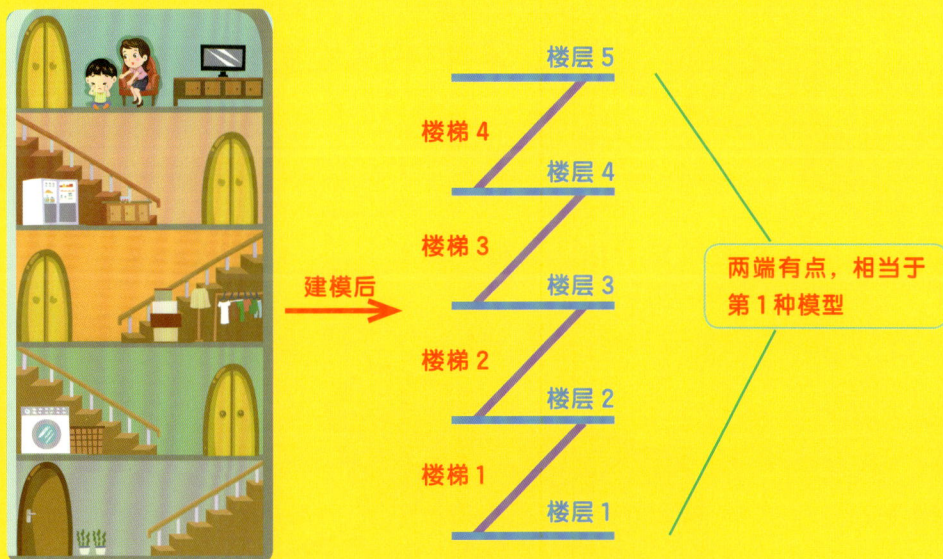

建模后 ➡

楼梯 4
楼梯 3
楼梯 2
楼梯 1

楼层 5
楼层 4
楼层 3
楼层 2
楼层 1

两端有点，相当于第 1 种模型

在这张图里，楼层和楼梯的关系如图所示，一共有 5 层楼，那么楼层的数量就是 5。

在这个数据模型里，可以写成下面的表达式。

楼梯的数量 = 楼层的数量 − 1

因此，楼梯的层数就是 4。

想一想

如果一栋楼有 30 层，我们家住在第 12 层，每两层楼之间有一层楼梯，一天爸爸回家要爬楼梯上楼，那么爸爸需要爬几层楼梯呢？

三、思维能力培养

1. 把木箱分成 3 个格，要用＿＿＿＿块木板。

2. 把 4 根短木棍粘成 1 根长木棍，要粘＿＿＿＿次。

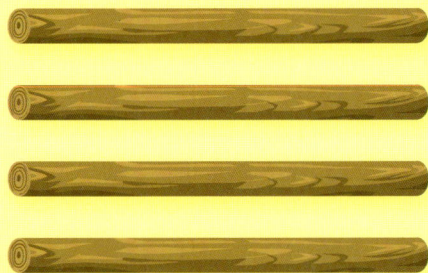

3. 妈妈住 4 楼，外婆住 2 楼，从妈妈家到外婆家要走_____层楼梯。

4. 校车从起点到终点一共有 7 个站，每站之间的行驶时间是 1 分钟，那么从起点到终点校车一共要行驶_____分钟。

5. 5 只小松鼠，并排站着，每个小松鼠左右两边都有 1 个坚果，最少需要_____个坚果。

★★6. 要给花安装自动洒水装置，每个装置可以给前后 1 株花洒水，下面的花最少要装_____个装置。

四、STEAM 天地

背景介绍

桥在中国已经有几千年的历史了，中国古代的造桥技术在当时处于世界顶尖水平。中国古代的桥梁结构主要有两种——梁桥与拱桥。

梁桥，是我国最早出现的桥型，主要由桥跨和承重结构组成。桥跨就是我们通常说的桥面，设置在桥梁两边的承重结构称为桥台，设置在桥梁中间的承重结构称为桥墩。

梁桥的主要特点是垂直受力，承重比较平均，所以梁桥的桥跨能做到很长并且桥面很平整，比如全长 55 千米的港珠澳大桥，是目前全世界最长的跨海大桥。我国现存最早的跨海梁式大石桥是中国四大古桥之一的洛阳桥。

洛阳桥，又名天津桥，建于北宋

　　拱桥，从东汉后期开始出现，由梁桥逐步发展而成。拱桥中间的桥面一般会向上凸起，并且桥底下是圆弧型桥拱，桥上一般还会有楼梯供人行走。在拱桥的结构中，力是水平传递的，并且桥整体曲线圆润，非常优美。

　　赵州桥是拱桥的经典代表，距今已有1400年的历史，是当今世界上保存最好的单孔敞肩石拱桥。

赵州桥，又名安济桥，建于隋朝

训练目标

设计一座桥。

制作材料

纸张若干；
积木或者硬币若干。

设计过程

1. 测试桥的坚固

设计桥最大的要求是坚固，承重力越大越好，否则因桥上人多，导致桥塌了，那就非常危险了。那么，怎样才能设计一座坚固的桥呢？我们先做个实验吧！

（1）取一张 A4 纸，放在两本书之间作为桥。

在桥上放上积木，放多少块积木后这座桥会塌呢？把结果记录下来吧！

（注：你也可以用硬币来代替积木，记录硬币的数量，下同。）

结果： 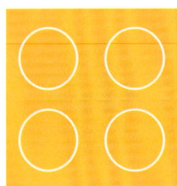 ✗

（2）将 A4 纸折出两条边，作为新桥，保持书的距离不变。

在桥上放上积木，放多少块积木后这座桥会塌呢？把结果记录下来吧！

结果：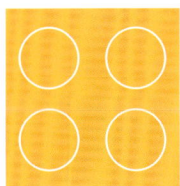

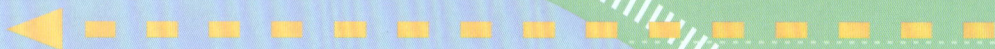

（3）用积木搭一个桥墩，支撑住桥面。

在桥上放上积木，放多少块积木后这座桥会塌呢？把结果记录下来吧！

结果：  ✖

（4）把另一张纸弯曲作为桥拱，放在桥面下，支撑住桥面。

在桥上放上积木，放多少块积木后这座桥会塌呢？把结果记录下来吧！

结果：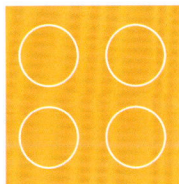

（5）实验（3）是梁桥的原型，而实验（4）是拱桥的原型，你觉得梁桥、拱桥与实验（1）和实验（2）的两种桥相比，有什么不一样呢？哪种桥更坚固呢？

实验结论：

2. 设计梁桥

梁桥是常见的桥型之一。建造方法：首先在水里安装桥墩，然后在桥墩和桥墩之间，以及桥墩和岸边分别铺上桥面。

如下面这张梁桥设计图所示，一共有 2 个桥墩，需要铺上 3 段桥面。

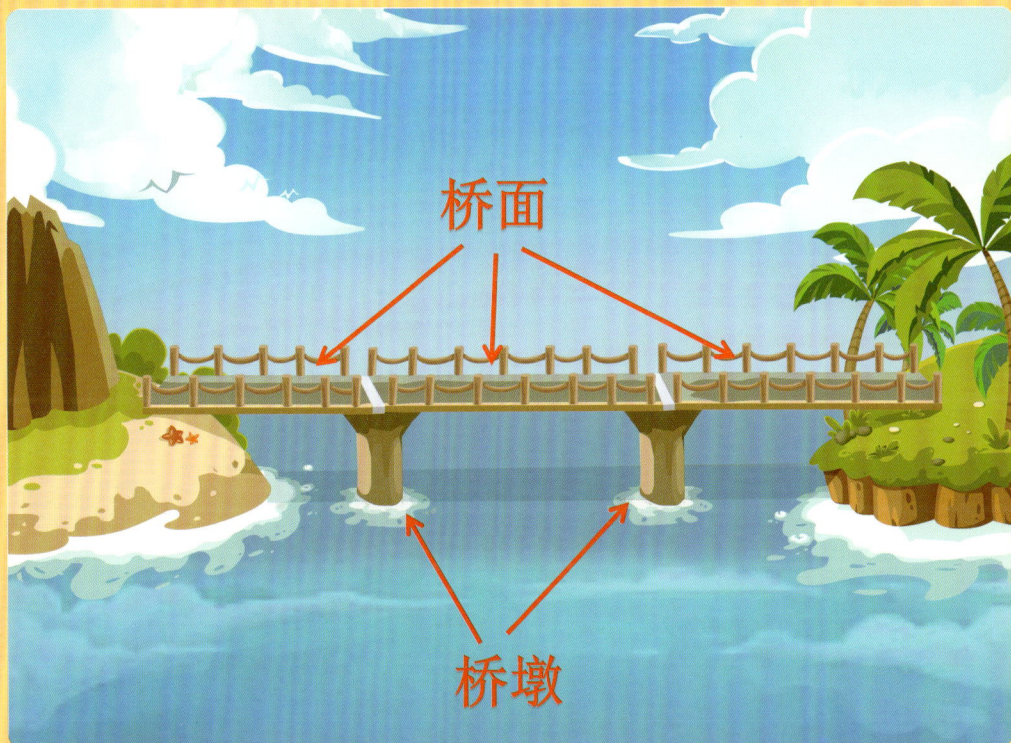

（1）下面有4张梁桥的设计初稿，每种梁桥的桥墩数量都不一样，你知道分别需要铺上多少段桥面吗？

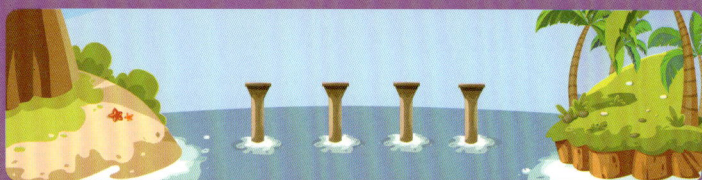

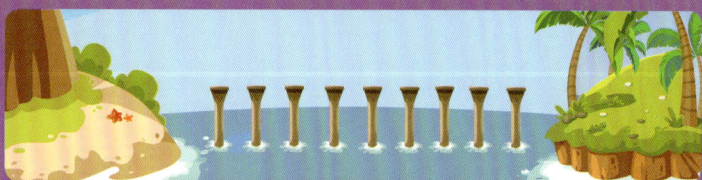

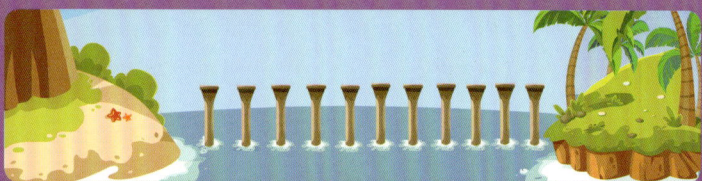

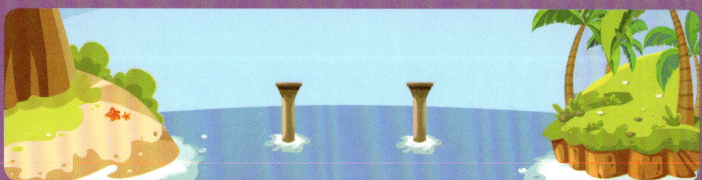

× ☐

× ☐

× ☐

× ☐

★（2）如果要在一条宽 100 米的河上建一座梁桥，每隔 10 米要建造一个桥墩，你能计算出来桥墩的数量吗？

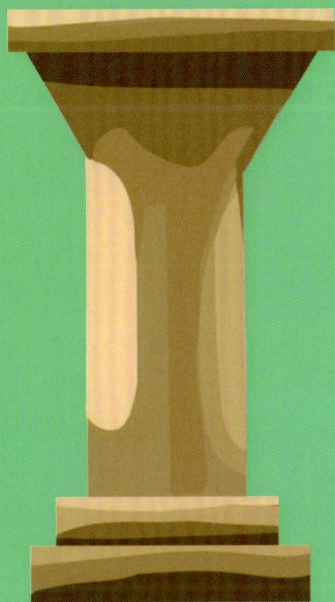

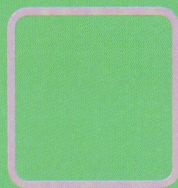

 × □

3. 设计拱桥

（1）拱桥是另外一种常见的桥型。下面这座拱桥的左右两侧一共有 12 个扶手，那么桥的右侧（红色方框内）有多少个扶手？

右侧的扶手数量：

桥面以台阶铺成，每两个扶手之间有 5 层台阶，那么你能计算出这座拱桥一共有多少层台阶吗？

★★（2）有一年春节，有人提议在拱桥的扶手与扶手之间各挂上1个灯笼，如果桥的两边都挂上灯笼，一共需要多少个灯笼呢？

五、学习检查表

年龄		检查时间	
	知识点		**理解与否**
知识点学习	a. 端点数比间隔数多 1		
	b. 端点数与间隔数相等		
	c. 端点数比间隔数少 1		
思维能力培养	对问题建模（对应全部 6 题）	4 分：4 题或 4 题以上在解题前先建模 3 分：3 题或 3 题以下在解题前先建模 0 分：没有建模的习惯	
	能得出正确的答案（对应全部 6 题）	4 分：4 题或 4 题以上正确 3 分：2～3 题正确 2 分：1 题正确 0 分：均错误	

STEAM 天地	动手／探索能力（对应第1题中的全部5题）	4分：能自主完成搭建、测试、总结 3分：在帮助下完成搭建、测试、总结 2分：在帮助下能完成部分搭建、测试、总结 0分：无动手探索意愿
	知识点应用能力［对应第2-（1）题、第2-（2）题］	4分：4题或4题以上正确 3分：2～3题正确 2分：1题正确 0分：均错误
	发散思维［对应第3-（1）题、第3-（2）题］	4分：能答对1题或1题以上 3分：虽然都答错，但尝试用建模的方法解答 0分：题目理解不了
总分	（　　）/20分	

第 6 章

排列组合

一、家长必读

"排列组合"是数学里面的一个基础概念，这个概念尽管从幼儿园就开始学起，但是到大学的概率论课程里面依然还在学习。虽然学习排列组合知识点的年龄跨度很大，但是在不同的年龄段，要求掌握的深度也不尽相同。

对于幼儿园和小学阶段的孩子，"排列组合"知识点所需要掌握的是排列组合的基本方法，这个方法有 3 种形式。

1. 列表法
2. 画图法
3. 连线法

在新加坡数学教学里，对上面讲的思维方法有一个专门的描述，叫作"Make a List"，也就是说要么列表、要么画图，需要孩子把各种可能的组合方案都罗列出来。这里还有两个注意事项。

1. 不能重复
2. 不能遗漏

因为无论是重复或者遗漏，都会影响到后面的数据统计。特别是到了中学和大学阶段学的数学概率，解这些题目的第一步就是统计各种组合的数量。如果第一步就做错，后面的概率统计更是无从谈起。

二、知识点学习

排列组合最常用的有 3 种解题方法。

1. 列表法

列表法又可以称为穷举法，就是通过列表的形式，将所有可能的情况都罗列出来。不能重复，更不能遗漏。

例如：我们有 3 支彩色铅笔，分别是红色、蓝色、黄色的。如果按照不同颜色的组合给它们排列，你能有几种排列方式呢？

这就可以用列表法解题，在罗列各种情况的时候，一定要讲究次序。

首先，在第一格中选定一种颜色，接着看第二格和第三格中分别可以放什么颜色；

然后，在第一格中重新选择一种颜色，接着看第二格和第三格中分别可以放什么颜色；

最后，在第一格中再选择一种剩下的颜色，接着看第二格和第三格中分别可以放什么颜色。

按照这种思路，我们可以将表格列举出来。

（1）如果红色铅笔在前面，那么可以排列成如下图所示。

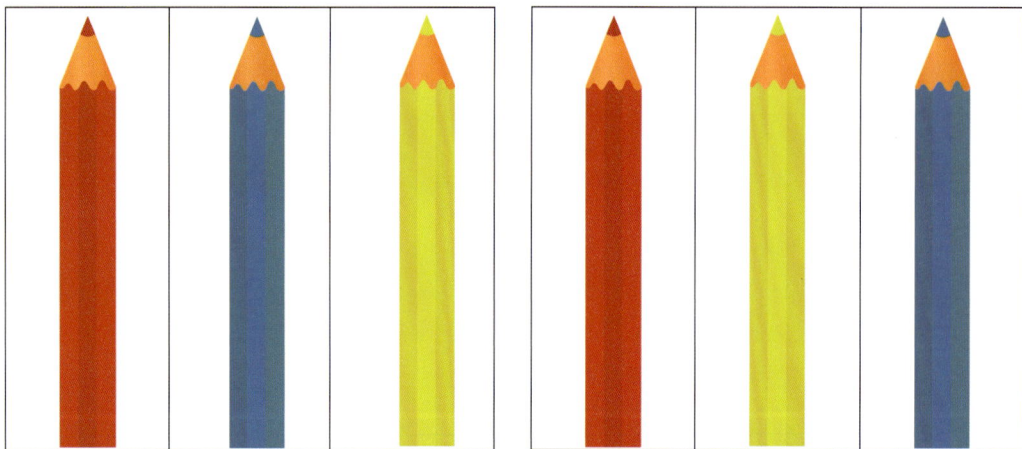

（2）如果蓝色铅笔在前面，那么可以排列成如下图所示。

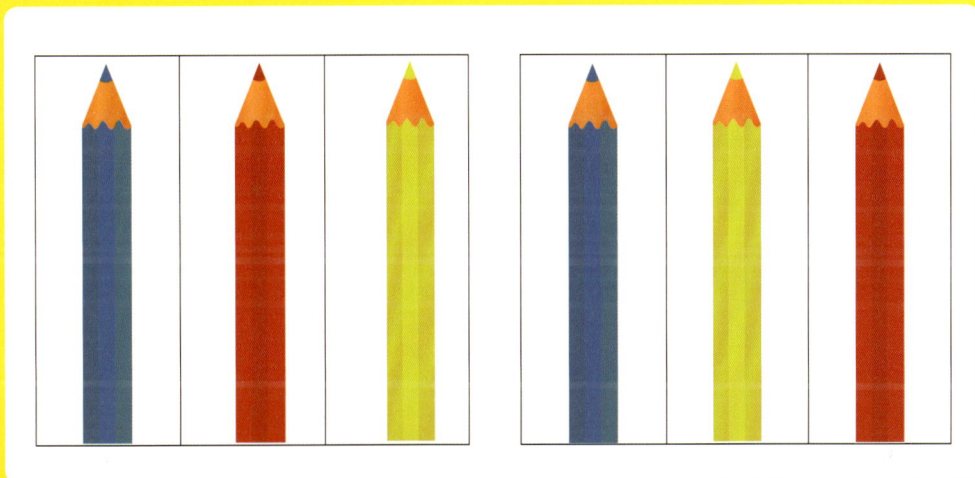

（3）如果黄色铅笔在前面，那么可以排列成如下图所示。

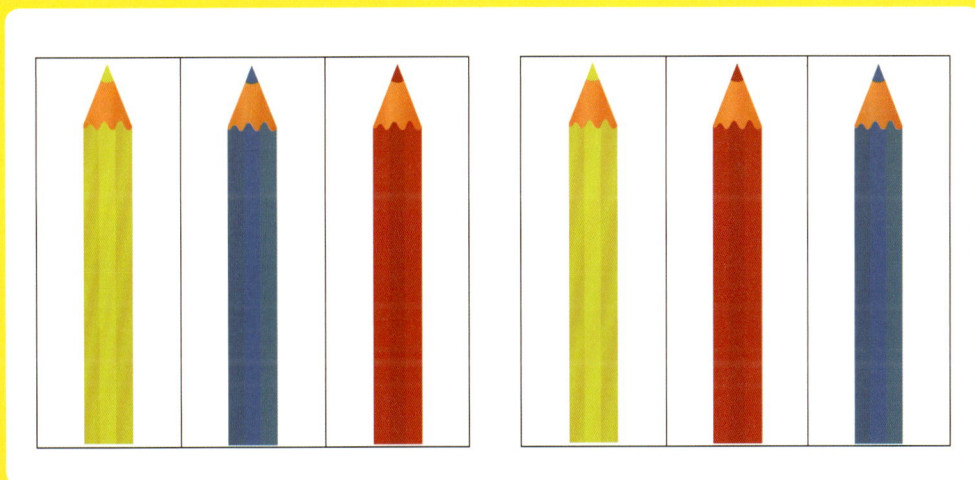

数一数

上面一共列举了多少种排列方法呢？

你看，这就是基本的列表法，它是基于一种列表的次序，依次去罗列各种可能的情况。

列表的时候切忌将顺序搞乱，比如先列了红、黄、蓝，再列蓝、红、黄，然后又列黄、蓝、红，完全没有条理和次序，这样就很容易遗漏或者重复。

如果换一种思路，将 3 支铅笔放在袋子里，每次摸出一支铅笔，那么你最多能摸出几种颜色的铅笔呢？

你可能摸出一支蓝色铅笔。

你也可能摸出一支红色铅笔。

你还可能摸出一支黄色铅笔。

数一数

你最多能摸出多少种颜色的铅笔呢？

还是将 3 支铅笔放在袋子里，只不过这次改成每次摸 2 支铅笔，你又能摸出几种颜色组合的铅笔呢？

你可能摸出一支蓝色铅笔和一支红色铅笔。　　你也可能摸出一支蓝色铅笔和一支黄色铅笔。

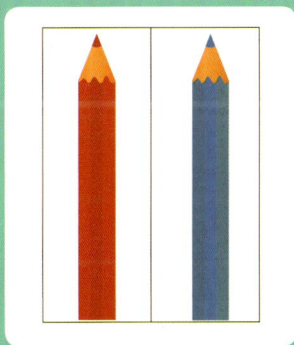

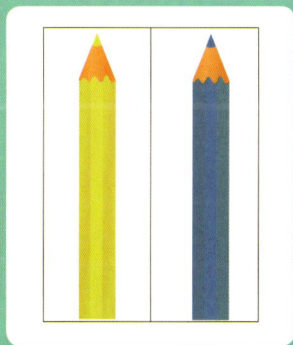

你还可能摸出一支红色铅笔和一支黄色铅笔。

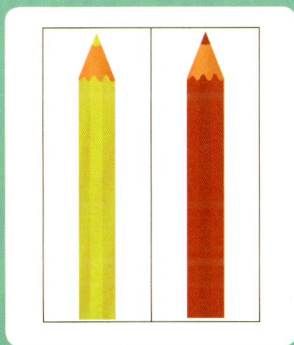

💡 **数一数**

你最多能摸出几种颜色组合的铅笔呢？

2. 画图法

这种方法通过画图的形式，将所有可能的情况都罗列出来。

如果你有 2 支铅笔和 2 块橡皮，每支铅笔都能搭配一块橡皮，那么一共有几种排列的方法呢？

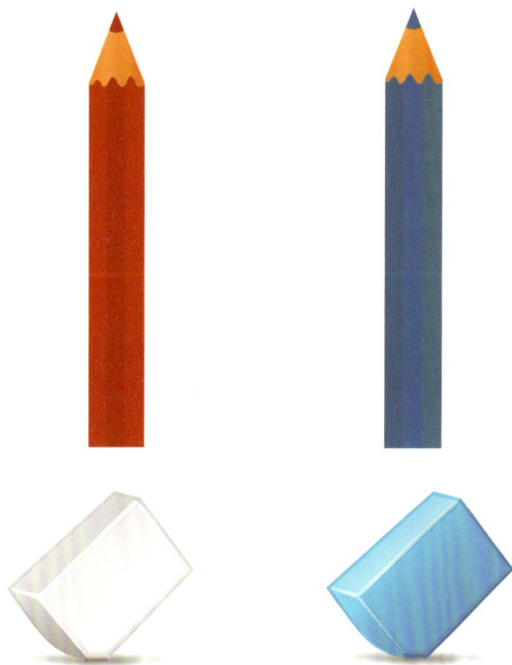

对于这道题，我们可以用上述列表的方法解决。

如果红色铅笔搭配白色橡皮，
那么可以如下图所示。

如果红色铅笔搭配蓝色橡皮，
那么可以如下图所示。

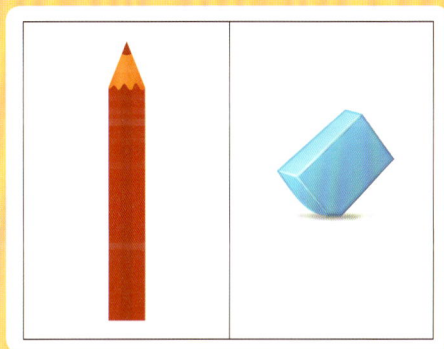

如果蓝色铅笔搭配白色橡皮，
那么可以如下图所示。

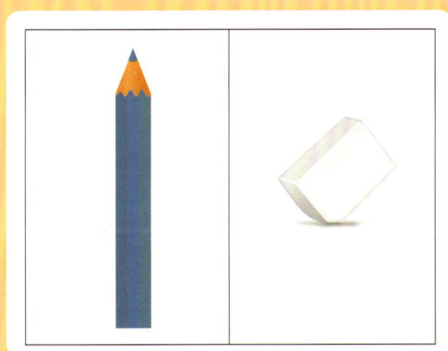

如果蓝色铅笔搭配蓝色橡皮，
那么可以如下图所示。

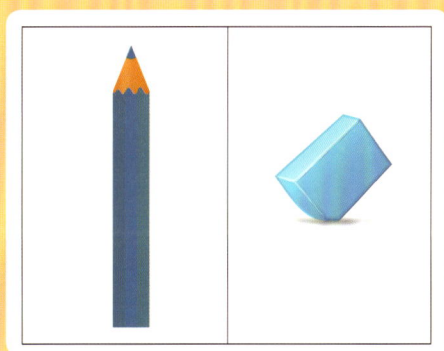

数 一 数

一共有几种组合方法呢？

我们甚至可以用一种表格来罗列，这样会更加清晰。

	红色铅笔 	蓝色铅笔 
白色橡皮		
蓝色橡皮 		

💡 数 一 数

一共有几种组合方法呢？

3. 连线法

我们还可以用一种新的方法，叫作连线法。这种方法用连线的方式表示各种组合，这种方法更加直接。

将每种铅笔和橡皮的组合都画一条线，那么只要数一数线的数量，就是可以排列出组合的数量了。

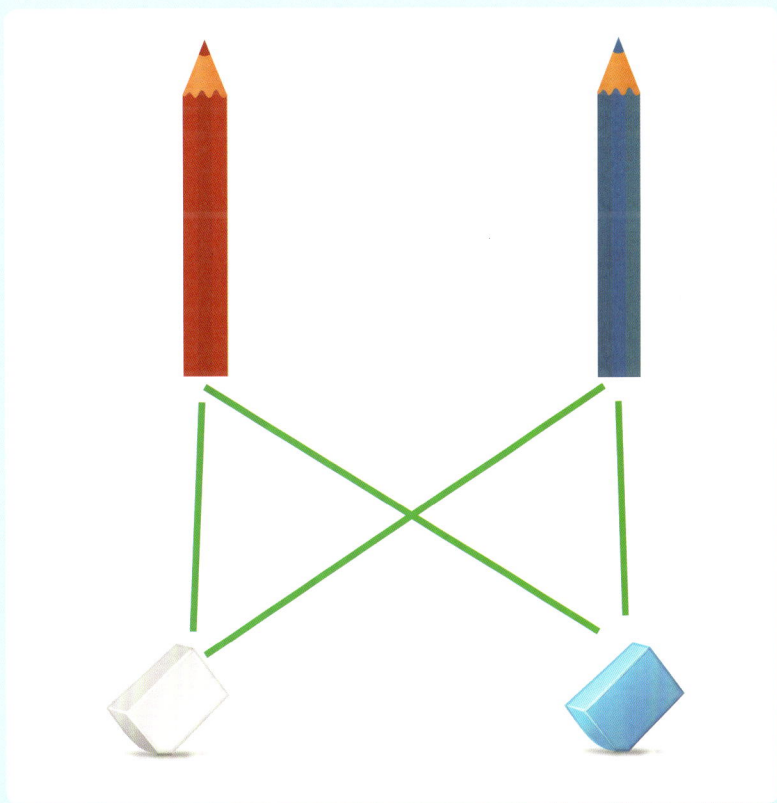

数一数

一共有几种组合方法呢？

你看，一道题就有 3 种解题的方法，方法无所谓好与坏，只要选择你喜欢的方法就好！

三、思维能力培养

1. 3块不同颜色的积木排成一排，一共有多少种排列方法？

5 ☐　　6 ☐　　7 ☐

2. 每顿饭要 1 种肉类与 1 种蔬菜搭配，一共有多少种搭配方法？

肉类	蔬菜

5 ☐

6 ☐

7 ☐

★ 3. 小朋友们见面会 1 对 1 握手，现在有 3 个小朋友，一共要握多少次手呢？

3 ☐　4 ☐　5 ☐

4. 第 1 个小岛与第 2 个小岛之间有两座桥，第 2 个小岛与第 3 个小岛之间也有两座桥。那么从第 1 个小岛到第 3 个小岛去，一共有多少种过桥方式呢？

3 □   4 □   5 □

四、STEAM 天地

背景介绍

马是一种食草动物，被人类驯服已有 4000 年历史。马奔跑的速度很快，最高时速可以达到 60 千米，甚至快赶上汽车的速度了，并且马可以连续跑 100 千米。因此，古时候马在粮食生产、交通运输、军事活动等方面都发挥了重要的作用。

古时候有很多王公贵族非常爱马，还会举办赛马运动来比拼谁的马跑得最快。

战国时期有一个著名的故事，叫作"田忌赛马"。田忌是齐国的一位大将军，当时田忌要和别人赛马，他的马分为上、中、下三等。如果用他的上等马和别人的上等马比，中等马和别人的中等马比，下等马和别人的下等马比，他完全没有胜算。

于是他的朋友孙膑就对他讲："我有一个好方法：你可以用你的下等马对别人的上等马，上等马对别人的中等马，中等马对别人的下等马。这样你一定能赢！"

田忌采用了孙膑的计策。虽然他输了第一场，但是后面两场他都顺利赢下，最终三局两胜，他取得了最后的胜利。

训练目标

用手上已有的马匹，赢得比赛。

设计过程

在古代战争中，骑兵是取胜的关键，因此把马用好是每位将军必备的能力。

1. 装扮马匹

一次，将军受邀请参加一个跑马比赛。在比赛前，将军想给它的 3 匹赛马好好装扮一翻。他找来 3 块漂亮的马鞍座毯，准备比赛的时候给马披上。

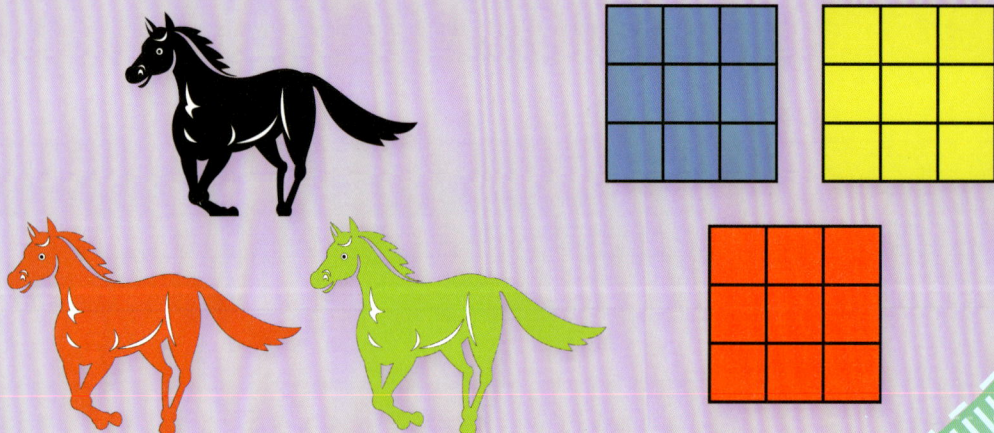

可哪匹马应该搭配哪块座毯呢？他拿不定主意，于是请手下的士兵帮他搭配一下看看效果。

你知道有多少种不一样的搭配方案吗？请你在下面图里画出来吧！

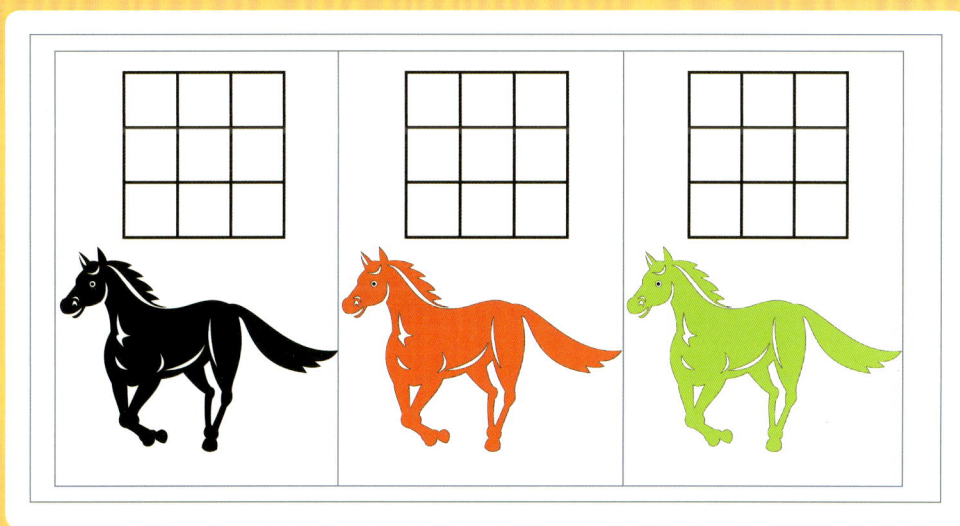

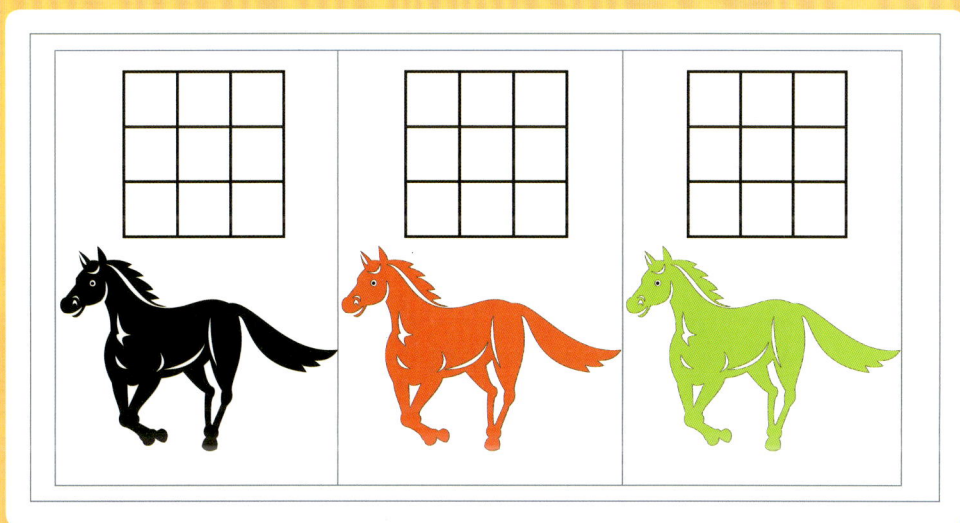

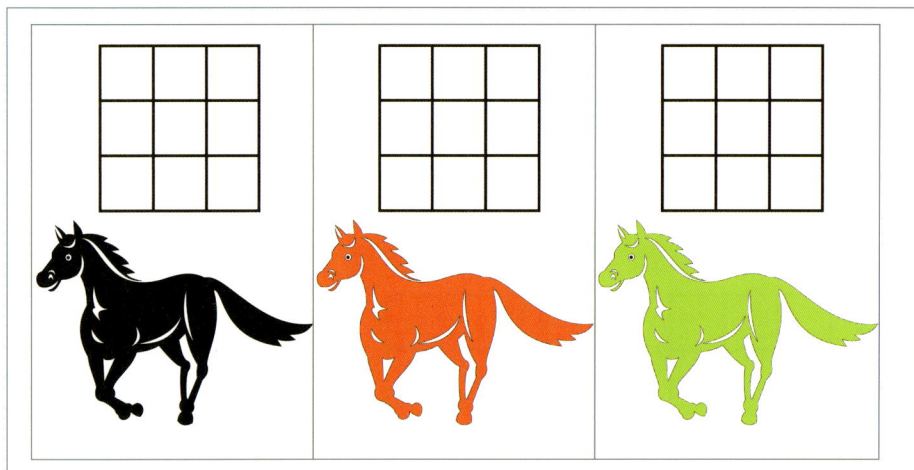

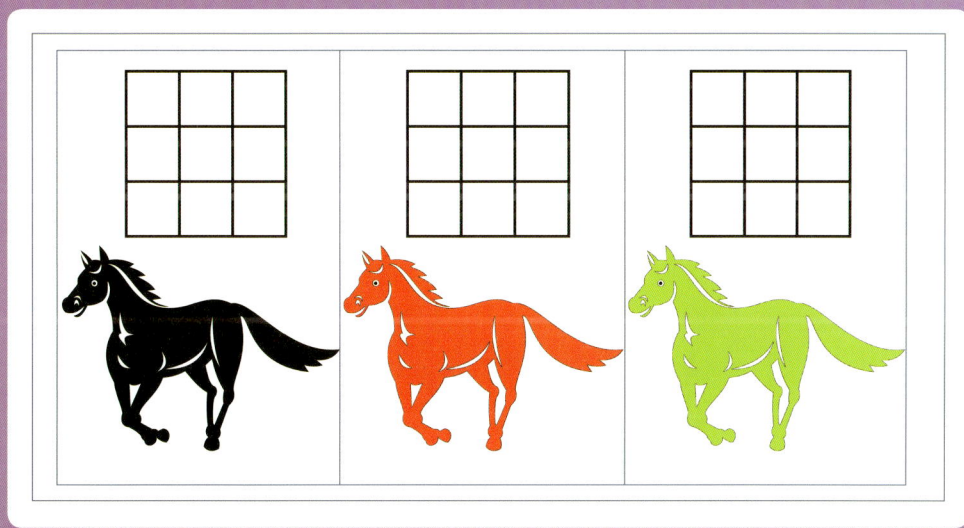

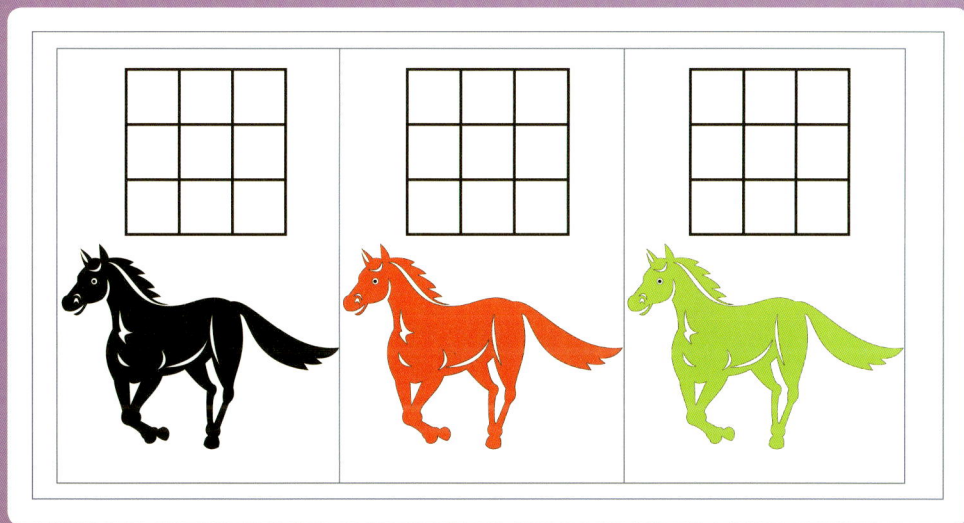

2. 赢得赛马

将军与对手准备开始比赛，将军 3 匹马的速度分别是 9、7、5，对手 3 匹马的速度分别是 10、8、6，数字越大表示速度越快。

每人每次派 1 匹马出场，出场顺序如下图所示。

第1场	9	10
第2场	7	8
第3场	5	6

（1）如果赢一场得一分的话，你知道第一战的对战比分吗？三局两胜的情况下，是将军赢了，还是对手赢了？

★（2）将军输了比赛以后，与对手约好第二天再比一场。将军很苦恼，不知道第二天怎样才能赢。这时候，有个聪明的士兵站了出来，说他有办法："对方马的出场顺序是不变的，只要画出所有可能的对战表，就能找到赢的方法了！"

请你给下面的马填上颜色与速度，帮将军画出所有对战表，并且在每张对战表后面填上比分，选出对战赢家。

对战表			结果	
第1场	☐	10	比分	☐ : ☐
第2场	☐	8		
第3场	☐	6	赢家	☐ ☐

对战表			结果	
第1场	☐	10	比分	☐ : ☐
第2场	☐	8		
第3场	☐	6	赢家	☐ ☐

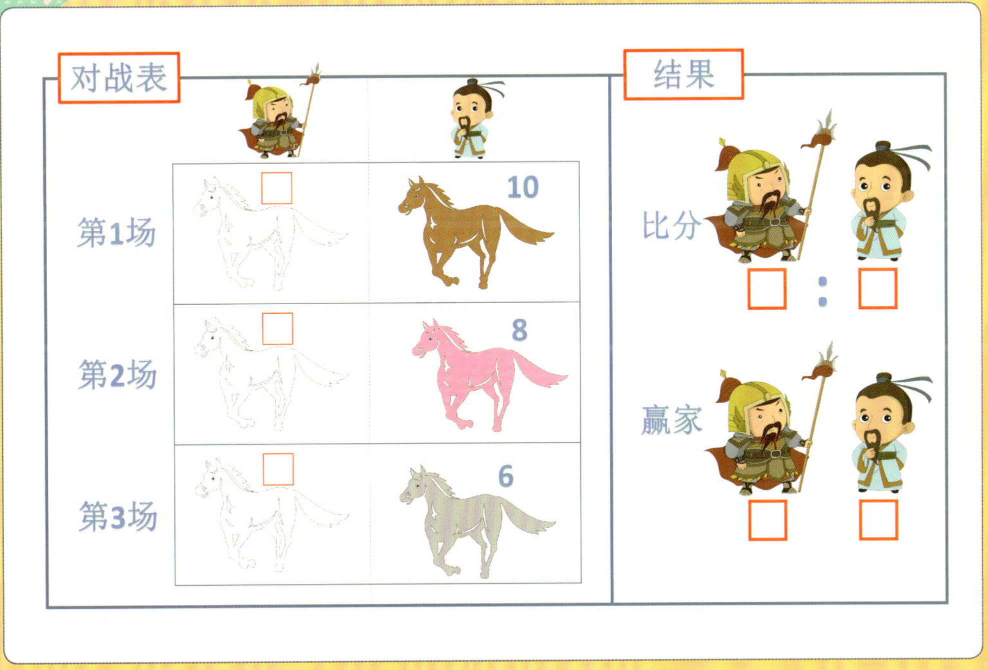

对战表

	🐎	🐎
第1场	□	10
第2场	□	8
第3场	□	6

结果

比分 □ : □

赢家 □ □

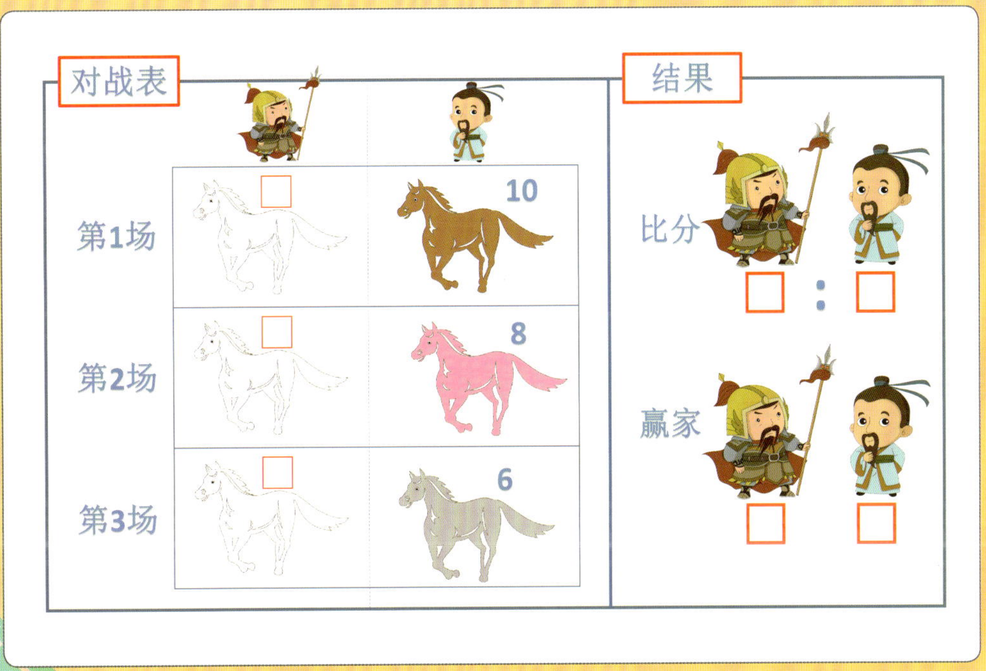

对战表

	🐎	🐎
第1场	□	10
第2场	□	8
第3场	□	6

结果

比分 □ : □

赢家 □ □

对战表

			结果
第1场	 □	 10	比分 □ : □
第2场	 □	 8	
第3场	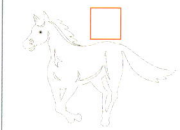 □	 6	赢家  □ □

对战表

			结果
第1场	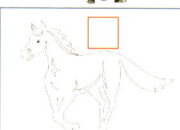 □	 10	比分 □ : □
第2场	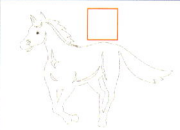 □	 8	
第3场	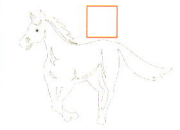 □	 6	赢家  □ □

如果你是将军，你会选择对战表里的哪一个方案呢？

3. 负重比赛

跑马比赛除了比拼马的速度外，还有一项是比拼马的负重运输能力。

比赛规则：

① 每个选手选 3 匹马，运输 3 袋一样重的粮食；

② 每匹马运输的粮食数量可以不同，甚至可以不运输粮食；

③ 3 匹马同时从起点出发，最后 1 匹马到达终点后才算完成比赛；

④ 最快完成运输的选手获胜。

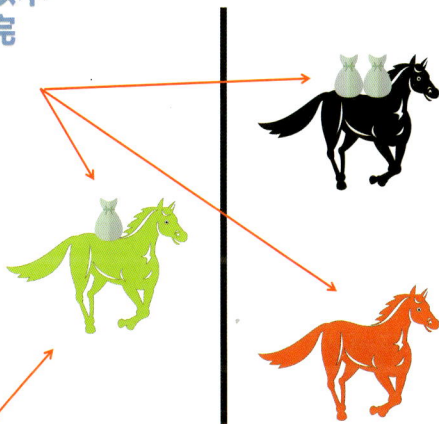

每匹马运输的粮食数量可以不一样，但是必须全部运完

最后1匹马到终点比赛才算完成

终点线

比赛获胜的关键除了要有优秀的马外，选手对每匹马负重的分配也会起到决定性的作用。

因为不论马跑得多快，背上粮食后就会减速，背的粮食越多，那么它奔跑的速度就越慢。为了找到最佳的粮食分配方案，将军通过实验得出了每匹马背上不同数量的粮食后的速度。

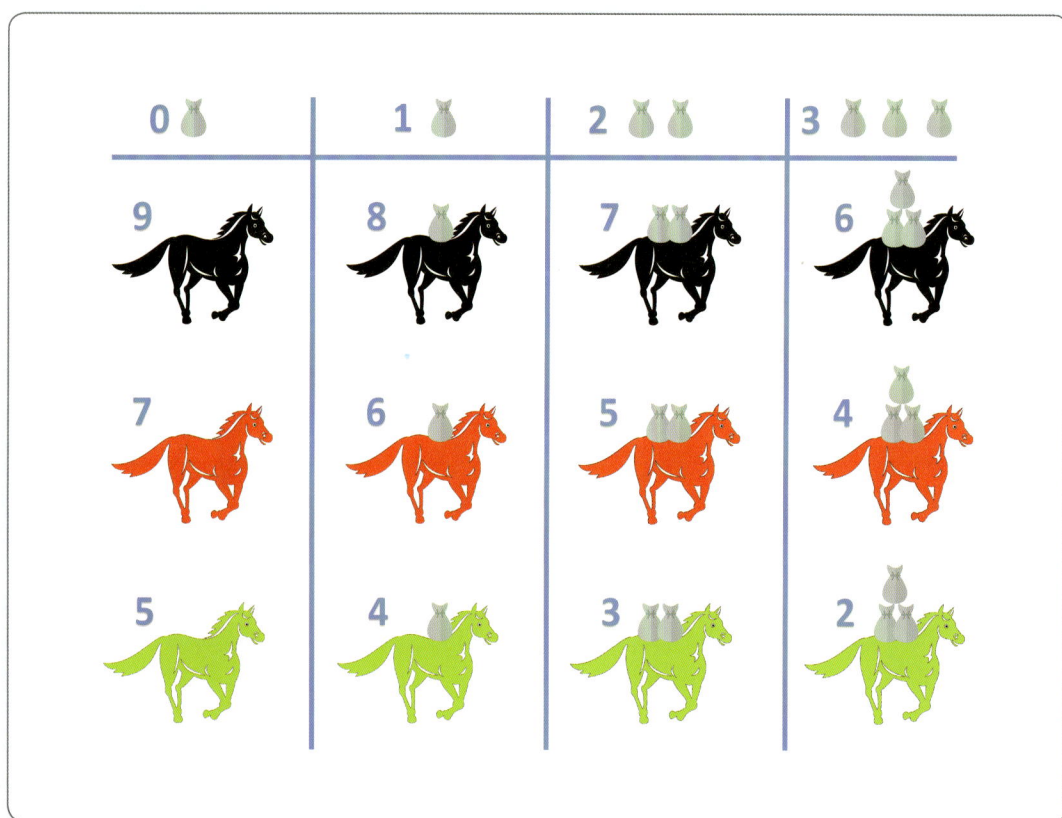

★（1）根据比赛规则，一共有多少种运输方式？每种运输方式的速度是多少？

例如：其中一种运输方式是 3 匹马每匹各背 1 袋粮食，那么请你在蓝色框处各填上 1；然后，因为黑马背 1 袋粮食后速度是 8，红马背 1 袋粮食后速度是 6，绿马背 1 袋粮食后速度是 4，那么在这种运输方式中，最慢的马的速度是 4，请你把这个速度填到红色框里。

例：

4

3 匹马背上粮食后，最慢的马的速度就是它们运输的速度

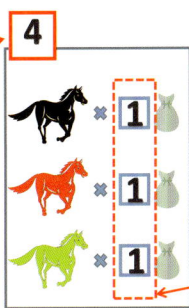

3 匹马背的粮食总数等于 3：
1+1+1=3

为什么要选最慢的马的速度作为最终速度呢？那是因为只有当速度最慢的那匹马到达终点后，选手的比赛才算结束。所以，速度最慢的马决定了整个比赛的输赢。

游戏的目的，就是要为马合理分配背粮食的数量，让本组里速度最慢的马跑得越快越好！

请你把所有的运输方式以及对应的速度填到下面的图里吧！

💡 **想一想**

最快的方案是哪些呢？

★★（2）如果增加一项规则，要求每匹马不能运输超过两袋粮食，那么又有几种运输方式呢？

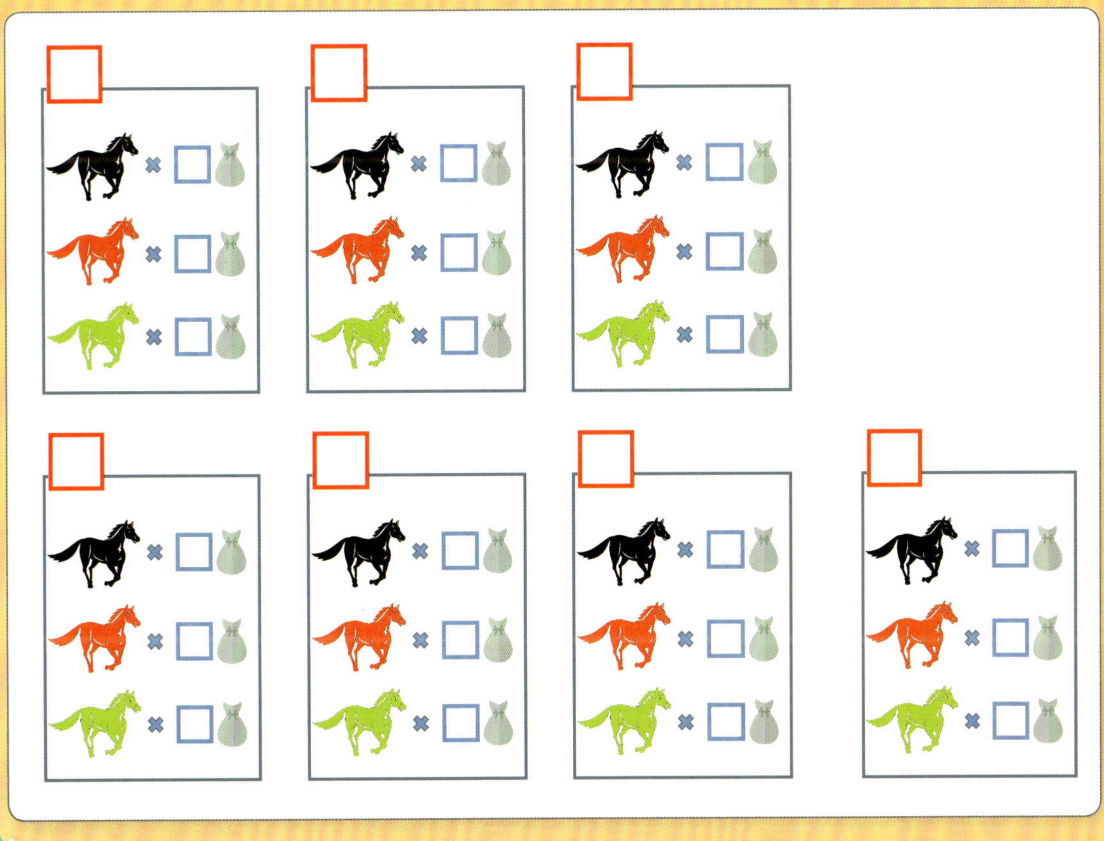

想一想

最快的方案是哪些呢？

五、学习检查表

年龄	检查时间	
	知识点	**理解与否**
知识点学习	a. 用列表法解排列组合问题	
	b. 用画图法解排列组合问题	
	c. 用连线法解排列组合问题	
思维能力培养	用列表法、画图法或连线法解题（对应全部4题）	4分：每一题都会通过3种方法之一解题 3分：在提醒下会用3种方法之一解题 0分：不会用3种方法之一解题
	思维严谨有序，不重复、不遗漏（对应全部4题）	4分：3题或3题以上正确 3分：2题正确 2分：1题正确 0分：均错误
STEAM天地	用列表法解题[对应第1题、第2-（2）题、第3-（1）题、第3-（2）题]	4分：3题或3题以上正确 3分：2题正确 2分：1题正确 0分：均错误
	能正确理解同样的事物通过不同的排列组合，得出的结果也不一样[对应第2-（1）题、第2-（2）题、第3-（1）题、第3-（2）题]	4分：3题或3题以上正确 3分：2题正确 2分：1题正确 0分：均错误
总分	（　　）/16分	

答案

第1章 数字

三、思维能力培养

1.

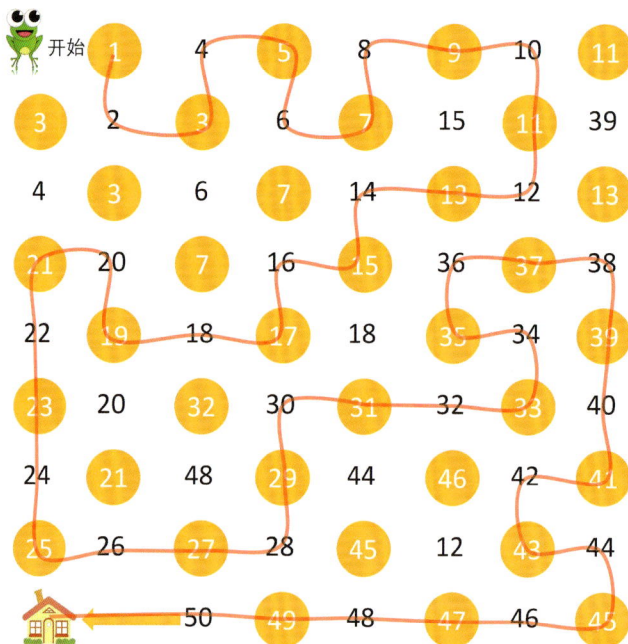

2.

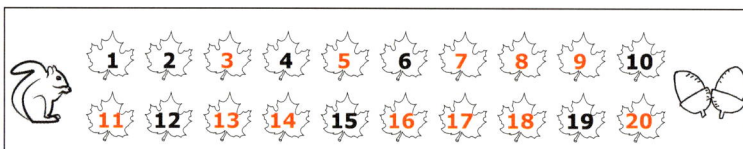

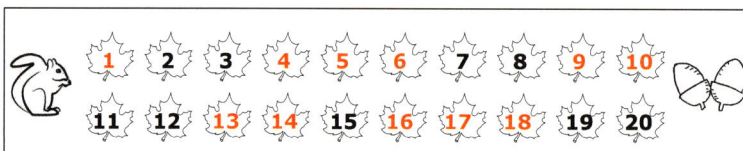

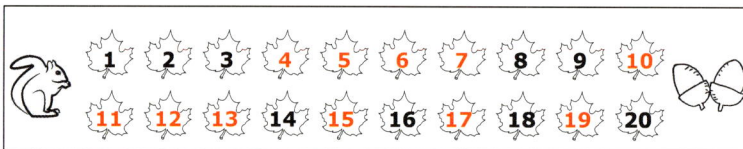

3.

10	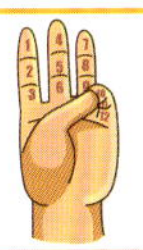	左手：大拇指按住小拇指第1个关节，表示数字10
12		右手：伸出小拇指，表示数字12
20	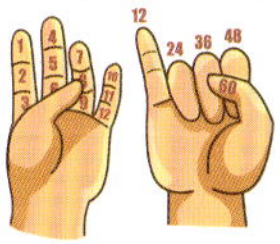	左手：大拇指按住无名指第2个关节，表示数字8 右手：伸出小拇指，表示数字12
60	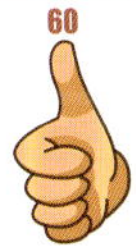	右手：伸出大拇指，表示数字60

4.　买 1 千克苹果需要花 10 元钱。

　　买 3 千克苹果需要花 30 元钱。

5.

33	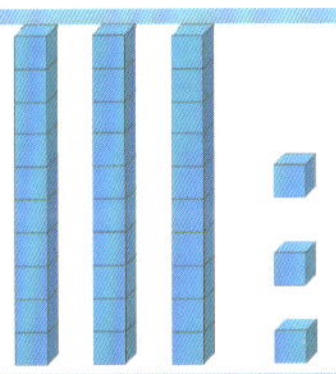	3 个 10 3 个 1
56		5 个 10 6 个 1
65	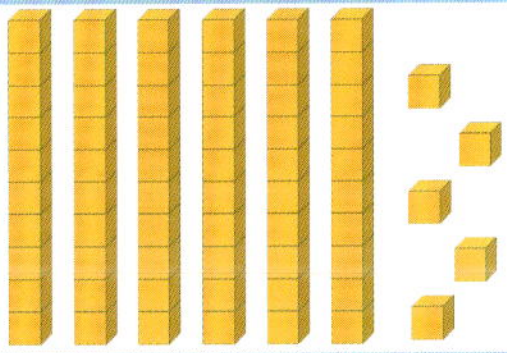	6 个 10 5 个 1

四、STEAM 天地

1.

罗马数字	阿拉伯数字
VI	6
CC	200
D	500
XC	90

2.

罗马数字	阿拉伯数字
LXI	61
LXXI	71

3.

90	15	150	71		300	6	300	26		24	200	500
XC	XV	CL	LXXI		CCC	VI	CCC	XXVI		XXIV	CC	D

61	300	90	200	24		16	15	11
LXI	CCC	XC	CC	XXIV		XVI	XV	XI	.

4. GOLD IS IN THE RIGHT BOX.（金子在右边的宝箱里面。）

G	O	L	D		I	S		I	N		T	H	E
XC	XV	CL	LXXI		CCC	VI		CCC	XXVI		XXIV	CC	D

R	I	G	H	T		B	O	X
LXI	CCC	XC	CC	XXIV		XVI	XV	XI	.

5.

☐ ☐ ☑

第2章　大小的比较

三、思维能力培养

1.
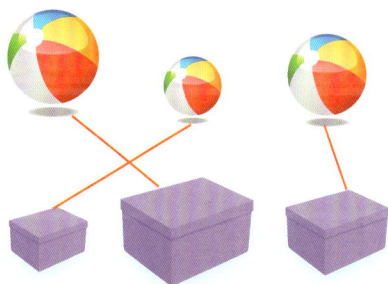

2.
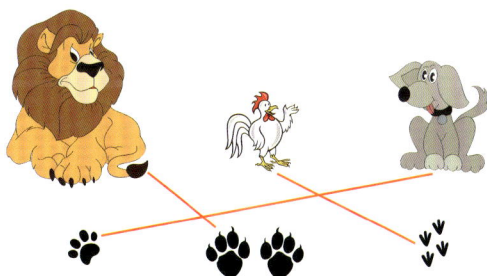

3. 黄色小鸟的花园最大，蓝色小鸟的花园排第二，最小的是棕色小鸟的花园。因为，黄色小鸟分了24格，蓝色小鸟分了22格，棕色小鸟分了18格。

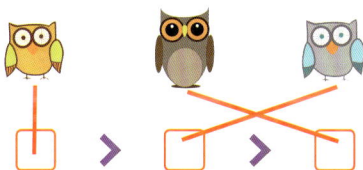

4. 左边蓝色格子的书更大。因为它占了 25 个格，而绿色的书只占了 24 个格。

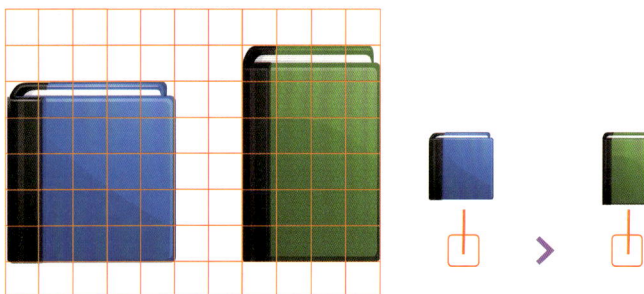

四、STEAM 天地

1.

（1）答案：柠檬。因为鸡蛋和柠檬完全浸入水中后，柠檬排开的水更多。

（2）答案：这个孩子说得不一定对。我们需要想办法让碗沉入水中，然后再测量水位。

（3）答案：根据排开水的多少，可以知道苹果最大，香蕉其次，鸡蛋最小。根据刻度，可以知道苹果的大小相当于 4 个鸡蛋，香蕉的大小相当于 2 个鸡蛋，那么苹果的大小相当于 2 根香蕉。

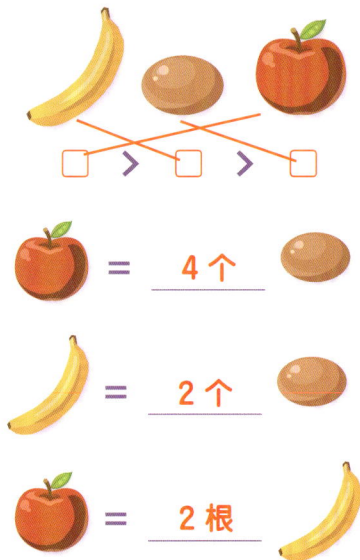

第 3 章　轻重的比较

三、思维能力培养

1. 河马比狮子重，因为狮子这头翘起来了。

2. 同样大小的球，如果越重，浸在水中的部分就越大。

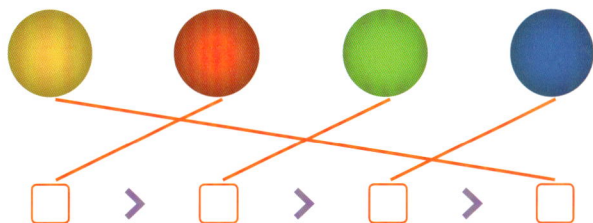

3. 棕色的小鸟重，因为它的质量等于 3 个砝码的质量，而蓝色小鸟的质量等于 2 个砝码的质量。

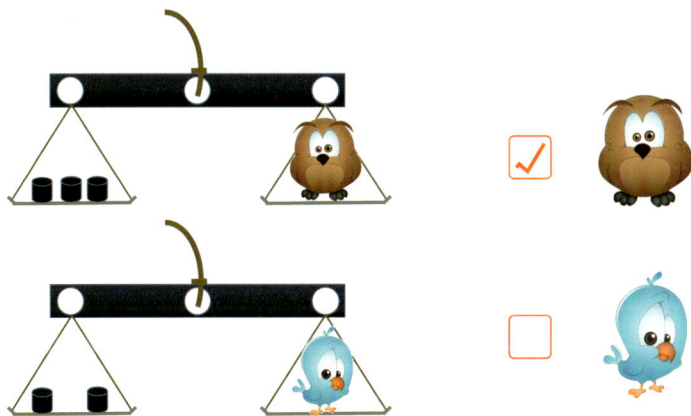

4. 灰色兔子的质量等于暗黄色兔子和深红色兔子的质量加在一起，所以最重。然后，深红色兔子这头翘起来了，所以暗黄色兔子排第二，深红色兔子最轻。

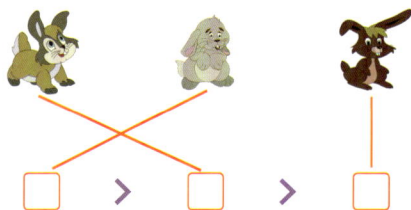

5. 首先我们知道 1 个梨的质量等于 3 个草莓的质量，而 1 个草莓的质量等于 2 个坚果的质量，那么 1 个梨的质量就相当于 6（即 2+2+2）个坚果的质量。

四、STEAM 天地

1.
（1）

①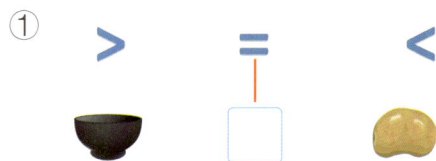

②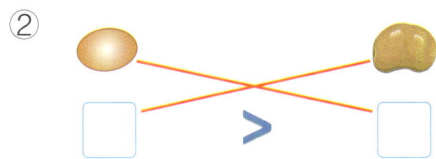

③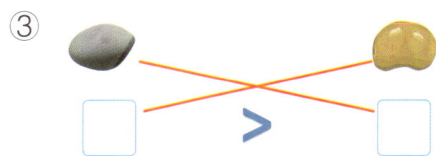

（2）

①

②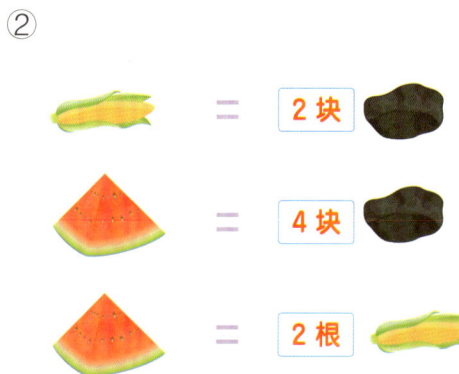

2.

（1）因为鱼与石头一样重，所以当秤平衡后，"标"与"本"的长度应该一样。

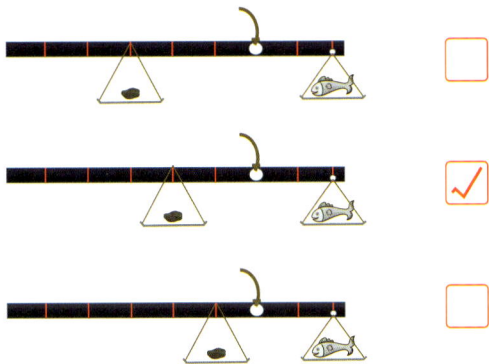

（2）向左移动，"标"变长了。

（3）

🍉	＝	**2 块**	🪨
🐟	＝	**1 块**	🪨
🍉	＝	**2 条**	🐟

3. 最优的方法：最快称 2 次，最慢称 3 次。第1步，先把 10 袋面粉分成 2 份，每份 5 袋，称一次把总体重了的 5 袋找出来。第 2 步，再从重了的 5 袋中拿出 4 袋分成 2 份，每份 2 袋，称一次。如果两份一样重，则 5 袋当中未拿出来的那一袋装了石头；如果两份不一样重，那么装石头的那袋在重的那一份里，这时候要称第 3 次。第 3 步，选择上一步中重的那一份，称一次 2 袋面粉，重的那一袋就是装石头的。

第4章　空间方位

三、思维能力培养

1. 左手、右手、右手、右手

2.

3.

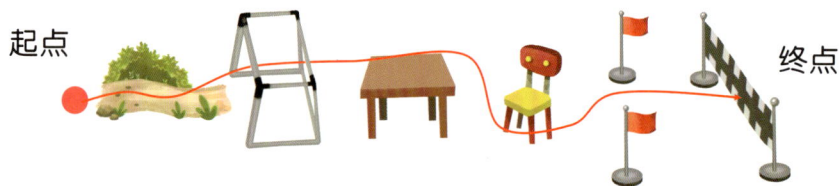

4. 进门后左拐，然后右拐进入非洲大街，经过两个十字路口之后，就能看到在左边的长颈鹿了。

看完长颈鹿，从非洲大街往回走，到第三大道左拐一直走，走到澳大利亚大街后右拐，沿着澳大利亚大街一直走，经过第二大道后，就能看到在左边的袋鼠了。

（此题答案不唯一。）

5. 斑马：（9，4）　　　狮子：（10，7）

　　大象：（5，4）　　　熊猫：（4，2）

四、STEAM 天地

1. 灾情地图

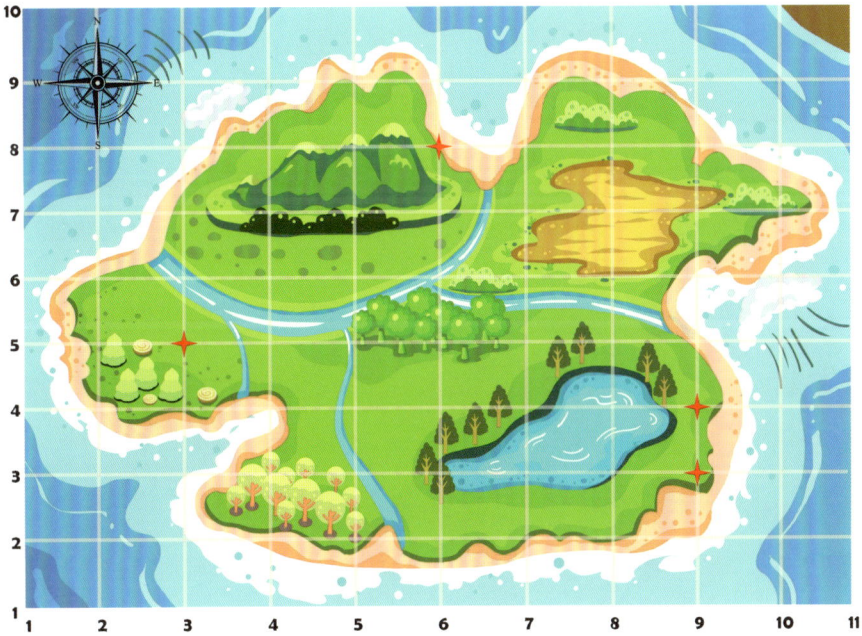

2.

最下层：

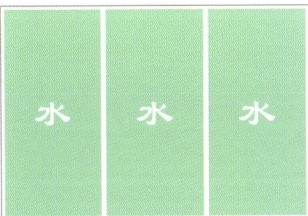

或

中间层：

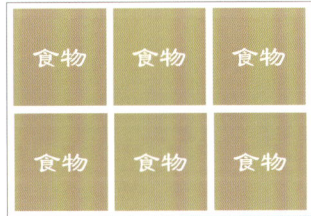

最上层：

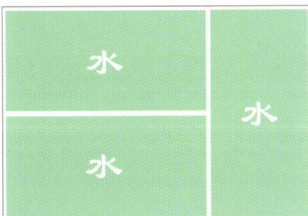

3. （1）从起点飞到（6，8），其中一条路线如下。本题目答案不止这一种，只要能到达（6，8）即可。

| 1. EAST |
| 2. EAST |
| 3. EAST |
| 4. EAST |
| 5. EAST |
| 6. NORTH |
| 7. NORTH |
| 8. NORTH |
| 9. NORTH |
| 10. NORTH |
| 11. NORTH |
| 12. NORTH |

（2）到达（6，8）。

4. 最短的路线需要20个小时，经过村庄的顺序为（3，5）→（6，8）→（9，4）→（9，3）。

第 5 章　间隔问题

三、思维能力培养

1. 2　　　　　2. 3　　　　　3. 2
4. 6　　　　　5. 6　　　　　6. 4

四、STEAM 天地

2.
（1）

 × 5

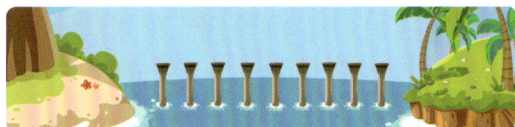 × 10

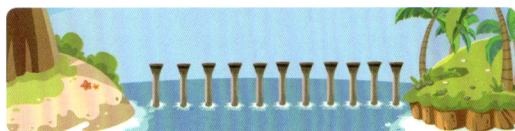 × 12

 × 3

（2）

 × 9

3.

（1）6 个扶手；50 个台阶，每边 25 个。

（2）26 个灯笼。注意，需将桥两边的灯笼全部计算出。

第 6 章　排列组合

三、思维能力培养

1. 6　　　　　　　　2. 6

3. 3　　　　　　　　4. 4

四、STEAM 天地

1. 顺序不限

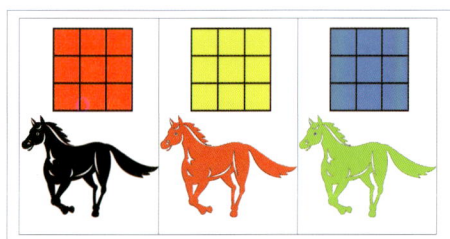 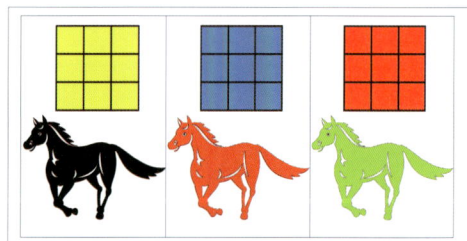

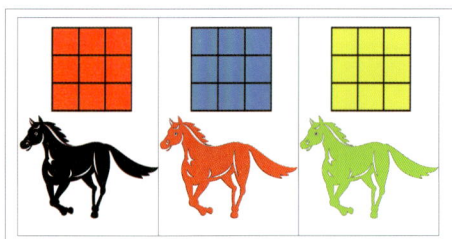 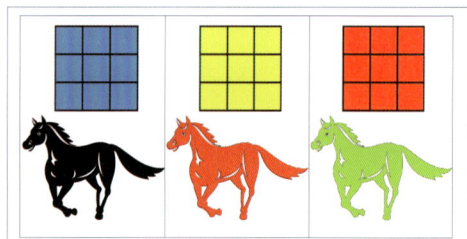

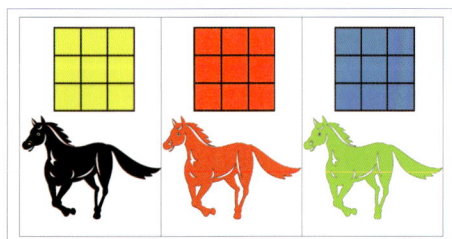 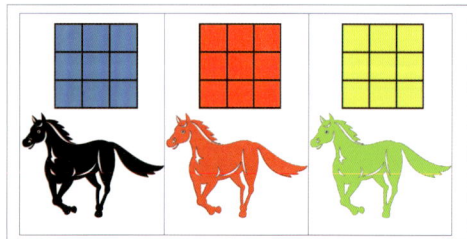

2.

（1）对手赢了。

0 ： 3

（2）顺序不限。选择将军 2 : 1 对手的对战表。

对战表			结果	
	将军	对手		
第1场	9	10	比分	0 : 3
第2场	7	8	赢家	
第3场	5	6		□ ☑

对战表

第1场	9	10
第2场	5	8
第3场	7	6

结果

比分 1 : 2

赢家 ☐ ✓

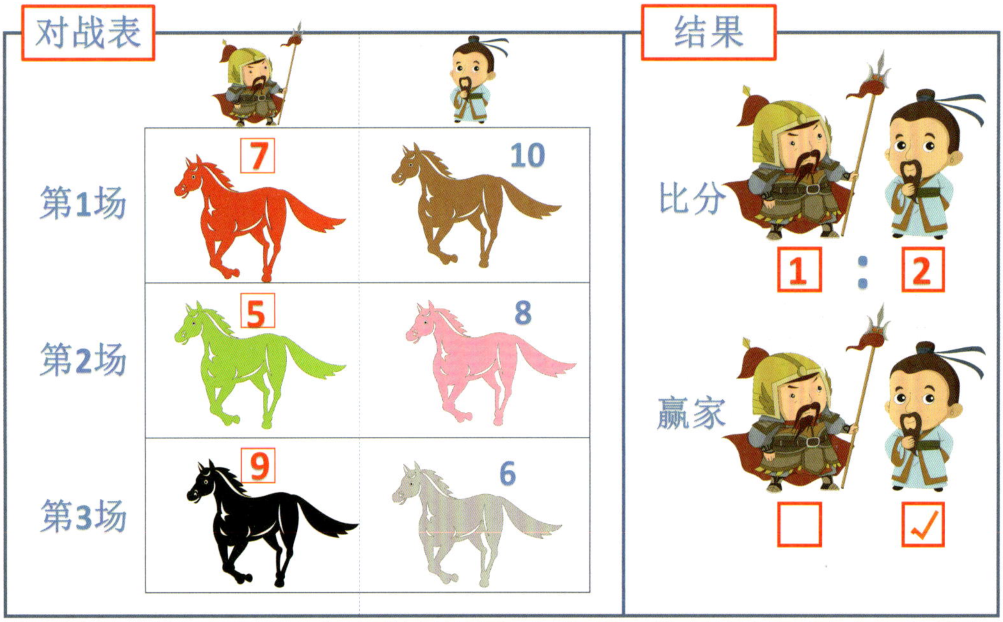

对战表

第1场	7	10
第2场	5	8
第3场	9	6

结果

比分 1 : 2

赢家 ☐ ✓

对战表

	武将	文官
第1场	7	10
第2场	9	8
第3场	5	6

结果

比分： 1 : 2

赢家： □ ☑

对战表

	武将	文官
第1场	5	10
第2场	9	8
第3场	7	6

结果

比分： 2 : 1

赢家： ☑ □

对战表

	第1场	第2场	第3场
	5 / 10	7 / 8	9 / 6

结果

比分 **1 : 2**

赢家 ☐ ✓

3.

（1）一共有10种排列组合。最快的是整体速度为5的方案，共有3种。

2 黑×0 红×0 绿×3	**3** 黑×0 红×1 绿×2	**4** 黑×0 红×2 绿×1	**4** 黑×0 红×3 绿×0	**3** 黑×1 红×0 绿×2
4 黑×1 红×1 绿×1	**5** 黑×1 红×2 绿×0	**4** 黑×2 红×0 绿×1	**5** 黑×2 红×1 绿×0	**5** 黑×3 红×0 绿×0

（2）一共有 7 种排列组合。最快的组合有 2 种，最快速度是 5。

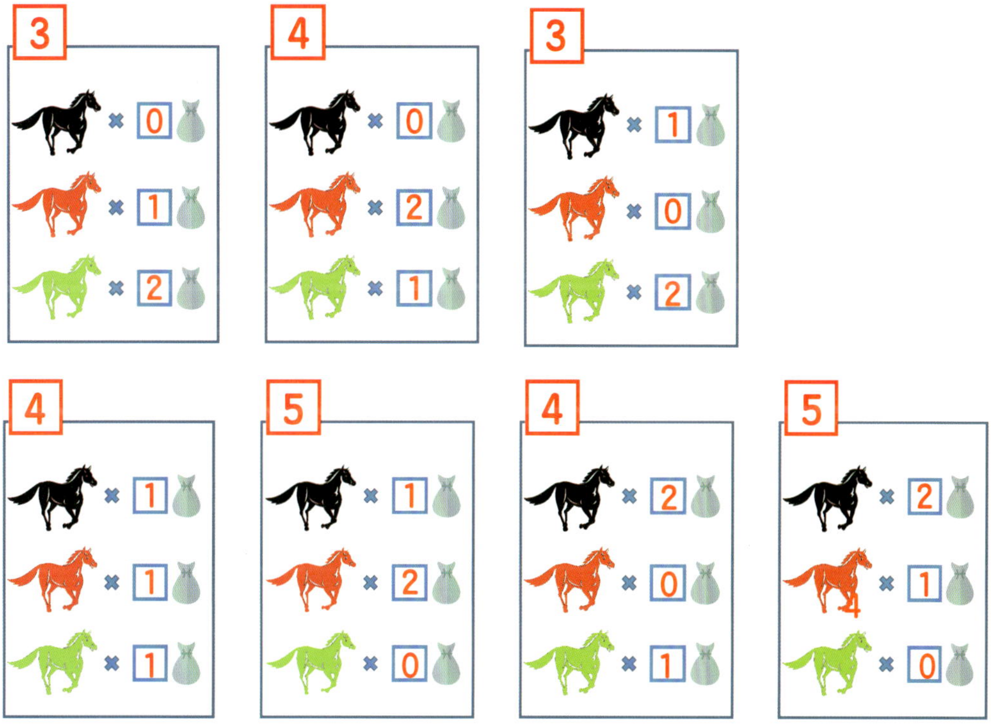

参考资料

本书在创作过程中参考了以下机构的论文和资料，作者在此一并表示感谢。

MathMaverick 网站；

twinkl 网站；

Khan Academy 网站。